Angelika Böckelmann

Sonnenblumen-zaubermaler

Mit Illustrationen
von Daniela Kulot-Frisch

Thienemann

Diese Farben machen stark

Marietta rennt so schnell sie kann. Ihre dunklen Zöpfe schlackern mit der aufgeschnallten Schultasche um die Wette. Gleich ist es eins, dann macht der Supermarkt zu. Noch um diese Ecke und an den Mietshäusern vorbei. Marietta drückt von außen gegen die Glastür des Supermarkts, aber die ist schon verschlossen.

»Mist!« Zornig haut Marietta gegen die Scheibe. Sie starrt in den Laden. Da hinten steht es, das Regal mit den Malsachen. Zeichenblöcke und Farbkästen liegen da. Wo soll sie jetzt einen Farbkasten herkriegen?

Den alten Kasten hat ihr der starke Jens weggenommen. Er hat ihn aus dem Fenster geschmissen, bloß um sie zu ärgern. Dann ist dieser doofe Müllwagen drübergefahren. Von dem

Kasten waren nur ein paar Plastikstücke übrig und zermatschte Farbkrümel.

Marietta seufzt. Kunst ist das einzige Fach, das ihr Spaß macht. Alle anderen Schulfächer sind viel zu schwer. Da kriegt sie immer schlechte Noten. Weil sie einfach nichts behalten kann. Weil sie viele Sachen nicht begreift. Und weil sie nie lustige Ideen hat, so wie die anderen Kinder. Deshalb denken die sich ja auch immer gemeine Schimpfnamen für sie aus.

»He, Doofkloß!«, schreit jemand hinter ihr. Zwei Hände packen Marietta und schleudern sie herum. Die Schnallen ihrer Tasche schrammen über die Glastür. Schmatzend steht Jens vor ihr. Er kaut Lakritz. Seine Lippen sind ganz schwarz davon. Mit einer Hand presst er Marietta gegen die Tür. Sie ist so erschrocken, dass sie sich gar nicht wehrt.

»Na, du dicker Tränenmops«, zischt Jens. »Willst du dir 'nen neuen Farbkasten im Supermarkt klauen? Tu's lieber nicht. Doofe Leute wie du werden erwischt.« Er lacht böse.

Marietta starrt auf seine dunkle Lakritz-Zunge. »Lass mich in Ruhe!«, sagt sie. »Und den Farbkasten musst du bezahlen!«

»Der Kasten war sowieso fast leer«, sagt Jens. Ohne Marietta loszulassen, fasst er in seine Hosentasche. Er holt eine Lakritzschnecke hervor. Mit den Zähnen knabbert er den Anfang ab und kaut das Lakritz in sich hinein. Den Rest der Schnecke hält er zwischen Daumen und Zeigefinger. Die Ränder unter seinen Fingernägeln sind so schwarz wie das Lakritz.

»Willst du auch was, Doofkloß?«, fragt Jens. »Du futterst doch so gern Süßes. Kannst was abhaben.« Jetzt hat er die Lakritzschnecke ganz abgerollt. Er packt das Ende mit seinen schmutzigen Fingern und will es Marietta in den Mund stopfen. Aber sie duckt sich blitzschnell. Sie windet sich aus seinem Griff und rennt über die Straße.

In einem der grauen Häuser entdeckt sie eine offene Haustür. Vor dem Eingang steht ein Putzeimer. Marietta springt über den Eimer in das Haus hinein. Mit einem Ruck wirft sie die Tür zu. Ihr Herz klopft laut. Ihr Atem geht schnell. Sie setzt sich auf die Steinstufen im Treppenhaus und wartet.

Hat Jens gesehen, wo sie sich versteckt? Marietta lauscht. Sind das nicht Schritte? Jemand öffnet die Wohnungstür im Erdgeschoss. Eine Frau tritt in den Flur. Sie hält einen Schrubber in der Hand. Genau vor Marietta bleibt sie stehen. Sie hat eine gelb gepunktete Schürze an. Marietta traut sich nicht der Frau ins Gesicht zu sehen. Sie guckt nur auf die gelben Punkte der Schürze.

Die Frau wird bestimmt schimpfen, weil Marietta hier einfach so hereingepoltert ist.

»Ich habe alles genau beobachtet, von meinem Fenster aus«, sagt die Frau. Sie trägt bunte Lederpantoffeln, die mit groben Stichen zusammengenäht sind. »Der Bengel hat eine Abreibung verdient. Ein kleines Mädchen wie dich so zu ärgern!«

Langsam hebt Marietta den Kopf. Sie blickt in zwei freundliche braune Augen. Zwischen den dunklen Haaren glitzern ein paar graue Strähnen. Die Frau hat ihr Haar zu Zöpfen geflochten und mit Holzspangen auf ihren Kopf gesteckt. Marietta überlegt, wo sie diese Schürzen-Frau schon mal gesehen hat.

»Jens ärgert mich dauernd. Er sagt Doofkloß zu mir. Dabei heiß ich doch Marietta! Die anderen Kinder lachen mich immer aus«, flüstert sie. »Mein Bruder Max, der geht schon ins vierte Schuljahr. Der ist schlau. Aber ich nicht.«

»Du musst boxen lernen«, sagt die Frau. Sie schlägt mit der Hand in die Luft, als wolle sie selbst jemanden verhauen. »Wehren musst du dich, wenn dir einer was will!«

»Jens hat meinen Farbkasten kaputtgemacht«, erzählt Marietta. »Er ist neidisch, weil er nicht malen kann.«

»Aber du kannst es?«, fragt die Frau. Sie hockt sich neben Marietta auf die Stufe. Den Schrubber hält sie in der Hand wie eine Königin ihr Zepter.

»Ich male jeden Tag irgendwas«, sagt Marietta. »Heute will ich Sonnenblumen malen, weil ich die schön finde.«

Die Frau nickt. »Sonnenblumen sind freundliche Blumen. Was kannst du sonst noch gut, außer malen?«

Marietta denkt nach. Sie denkt ziemlich lange. »Puddingessen«, antwortet sie endlich. »Am liebsten Vanillepudding.«

Die Frau lächelt. »Sonnenblumengelben Pudding«, sagt sie.

»Ja, ich bin eine Pudding-Malerin«, sagt Marietta.

»Du bist eine Malerin ohne Farbkasten«, stellt die Frau fest.

»Ich kauf mir heute Nachmittag einen von meinem Taschengeld«, sagt Marietta. »Aber am liebsten würde ich sofort malen.«

»Ja, das kenn ich«, sagt die Frau. »Die Sonnenblume will aus dir raus, jetzt sofort. Die kann nicht bis drei Uhr warten.«

Marietta nickt. »Sind Sie auch Malerin?« Sie wundert sich, dass eine Erwachsene sie so gut versteht.

»Früher mal, als kleines Mädchen«, antwortet die Frau. »Ich heiße Äuglein. Ich bin Zauberin und Indianerin und die schnellste Putzfrau in der Stadt. Ich wollte gerade mein Treppenhaus schrubben.«

»Jetzt weiß ich, wo ich Sie schon mal gesehen hab!«, sagt Marietta. »In der Schule. Sie putzen immer unsere Klasse!«

»Jeden Tag«, sagt Frau Äuglein. »Ich guck mir die Bilder an, die ihr aufhängt. Deine Bilder sind die schönsten.« Sie steht auf und klopft mit ihrem Schrubber dreimal auf den Boden. Sie fasst in ihre linke Schürzentasche. Zuerst kommt ein Lappen zum Vorschein, dann eine Pfeife. »Hm«, brummt Frau Äuglein. »Falsche Tasche.« Kopfschüttelnd greift sie in die rechte Tasche. Sie zieht einen flachen Blechkasten hervor. Den hält sie Marietta hin. »Hier, für dich. Ist ’n bisschen zerbeult, aber noch brauchbar. Diesen Kasten hab ich als Kind gehabt. Ich war früher auch so ein ängstliches Mädchen wie du. Bis ich Indianerin wurde. Nun brauch ich ihn nicht mehr.«

Marietta öffnet den Deckel. In dem Kasten stecken sechs runde Töpfchen mit gelber, blauer, roter, grüner, brauner und schwarzer Farbe. Darin hat schon mal jemand rumgerührt.

»Diese Farben machen dich mutig«, behauptet Frau Äuglein. »Und abenteuerstark! Alles, was du mit ihnen malst, wird Wirklichkeit. Du musst dir Pudding-Quatsch-Wörter für deine Bilder ausdenken und dann das Malpapier schütteln.«

Marietta guckt verständnislos.

»Es sind Zauberfarben«, sagt Frau Äuglein. »Du wirst dich noch wundern.« Sie zieht die Haustür auf und guckt hinaus. »Der freche Junge ist weg! Auf Wiedersehen.«

»Tschüs«, antwortet Marietta. Sie hält den Farbkasten ganz fest in ihrer Hand. »Danke schön!« Sie geht nur ein paar Schritte den Bürgersteig entlang. Nachdenklich dreht sie sich noch einmal zu der seltsamen Putzfrau um. »Was sind denn Pudding-Quatsch-Wörter?«, fragt sie.

»Zauberwörter, die noch nie irgendjemand gesprochen hat. Du musst sie neu erfinden!«, sagt Frau Äuglein.

»Kann ich nicht«, antwortet Marietta.

Doch Frau Äuglein scheint nichts mehr zu hören. Sie kippt Wasser aus dem Putzeimer und klopft mit dem Schrubber dreimal in die Pfütze. Sie lehnt ihn gegen die Wand und zieht die Pfeife aus ihrer Schürzentasche. Frau Äuglein pafft kleine Rauchwölkchen, während der Schrubber von ganz allein über den Boden wischt, dass es nur so spritzt.

Die Sonnenblume aus dem Blechkasten

Marietta sitzt vor ihrem Zeichenblock. Sie klappt den verbeulten Blechkasten auf und taucht den Pinsel ins Wasserglas. Zuerst mischt sie ein helles Grün für den Stiel. Gerade als sie den gelben Blütenkranz malt, poltert jemand die Stufen zum Kinderzimmer herauf. Die Tür kriegt einen Tritt. Da steht Max, mit seiner Schultasche unterm Arm.

»Schon wieder am Malen?«, sagt er und schleudert die Tasche neben seinen Schreibtisch. Mit einem Seufzer lässt er sich rückwärts aufs Bett plumpsen. Er faltet die Hände unter seinem Kopf zusammen, schließt die Augen und schnarcht laut.

Marietta pikst ihn mit einem Finger in den Bauch. »Aufstehen«, sagt sie.

Max kichert. »Lass das. Ich bin kitzelig.«

»Nur alte Leute schlafen mitten am Tag und ganz kleine Kinder«, sagt Marietta.

»Ruhe! Einstein muss sich entspannen«, knurrt Max. »Kluge Menschen wie ich brauchen ihren Weisheits-Schlaf.«

»Dann schnarch weiter, du Weisheits-Schaf«, sagt Marietta. Max sitzt sofort kerzengerade auf seinem Bett. »Was?«, fragt er. »Was hast du gesagt?«

»Du bist ein Weisheitszahn-Schaf«, antwortet Marietta. »Eins mit Schnarchnase.«

Max runzelt die Stirn. »Hast du heute Morgen Wörter-Erfinde-Pulver im Kakao gehabt? Oder hat dir Mama Mut-Wurst aufs Brot geschmiert?«

»Wieso?«, fragt Marietta. »Ich hab bloß 'n paar Pudding-Quatsch-Wörter erfunden. Du Schlauknopf.«

Max guckt seine Schwester forschend an. »Irgendwas stimmt nicht mit dir«, sagt er. »Sonst bist du nicht so frech.«

Marietta setzt sich wieder an ihren Schreibtisch, um weiterzumalen. Sie tupft ein paar braune Punkte in den Blütenkelch. Zufrieden betrachtet sie ihr Bild.

Max guckt ihr über die Schulter. »Nicht

schlecht«, sagt er, »die leuchtet wie eine echte Sonnenblume.«

»Das ist eine Leuchte-Lach-Blume«, antwortet Marietta, während sie mit dem Zeichenblock in der Luft herumwedelt. »Leuchte-Lach-Blume ist doch ein Pudding-Quatsch-Wort«, brummt sie. »Und ich schüttel ganz fest. Warum passiert denn keine Zauberei?« Enttäuscht reißt sie das Papier vom Block. »Halt mal das Bild übers Bett, Max. Ich will es aufhängen. Ich hol einen Klebestreifen.«

Max kniet sich aufs Bett und hält das Bild an die Wand. Verdutzt guckt er auf das Blatt Papier. Es ist leer. Die Sonnenblume ist weg. Er dreht das Papier um. Aber da ist auch kein Bild. »Du hast mir das falsche Blatt Papier gegeben«, sagt er. »Hier ist nichts drauf.«

»Klar ist was drauf«, antwortet Marietta. Mit dem Klebestreifen in der Hand bleibt sie vor Max stehen und guckt sich um. »Wo hast du mein Sonnenblumen-Bild hingetan?«

»Ehrlich, ich hab's nicht genommen«, verteidigt sich Max.

»Und eine richtige Sonnenblume, hast du die hier irgendwo rumliegen sehen?«

»Nee«, sagt Max. Er tippt sich mit dem Finger gegen die Stirn. »Aber dein Verstand, der muss hier irgendwo rumliegen.«

»Du bist gemein«, sagt Marietta. Sie drückt ihrem Bruder den Klebestreifen auf die Haare und boxt ihn ein paarmal gegen die Schulter. Dann setzt sie sich schmollend an ihren Schreibtisch.

Max zieht sich nachdenklich den Klebestreifen aus dem Haar. Vielleicht hat ihm Marietta zwei Blatt Papier gegeben und eins ist auf den Boden gerutscht? Max zwinkert ein paarmal mit den Augen, weil er nicht glauben kann, was er da sieht. Unter dem Bett liegt eine Sonnenblume. Max macht einen langen Arm und zieht sie hervor. Er stellt sie in das grün gefärbte Wasserglas auf Mariettas Schreibtisch.

»Einstein steht vor einem Rätsel«, sagt er.

Marietta guckt hoch. »Meine Leuchte-Lach-Blume«, flüstert sie. »Wo hast du die her?«

»Lag unter deinem Bett.«

»Sie ist aus dem Zeichenpapier rausgefallen!«, sagt Marietta und nimmt die Sonnenblume aus dem Wasserglas.

»Hast du heute zufällig zaubern gelernt?«,

fragt Max. Er betrachtet den verbeulten Farbkasten von allen Seiten. »Was is' 'n das für 'n altes Dings?«

»Hat mir eine Putzfrau geschenkt«, antwortet Marietta. »Sie hat gesagt, dass die Farben abenteuerstark machen.«

Max reibt sich die schmerzenden Schultern. »Stimmt«, stellt er fest. »Du hast schon ganz kräftig zugehauen.«

»Sie hat noch was gesagt«, fährt Marietta fort. »Alles, was ich mit diesen Farben male, wird Wirklichkeit! Ich muss nur neue Wörter erfinden und dann das Bild schütteln.«

Max starrt seine Schwester an. Er grapscht nach dem Kasten, aber Marietta zieht ihn schnell weg. »Ich will mir nur eben zwanzig Mäuse malen«, bettelt Max.

»Nee!«, sagt Marietta. »Du kannst ja gar nicht malen.« Sie steckt den verbeulten Farbkasten tief in ihre Schultasche.

Kopfschmerz-Po

Gleich ist es acht. Die meisten Kinder sind schon in ihren Klassen. Marietta geht zögernd über den grauen Schulhof. Bestimmt hat sich Jens irgendwo versteckt und wartet auf sie.

»Tag, Doofkloß«, schreit jemand.

Jens lehnt lässig an der Eingangstür. Er schiebt sich eine ganze Lakritzschnecke auf einmal in den Mund.

Marietta steht unter der kleinen Birke auf dem Schulhof. Sie legt ihren Zeichenblock auf den Asphaltboden. Dann schnallt sie ihre Schultasche ab. Wenn Jens sie verhauen will, wird sie sich wehren. Was hat Frau Äuglein gesagt? Die Zauberfarben machen stark?

Jens stößt sich von der Tür ab. Mit sieben großen Schritten ist er bei Marietta.

»Wenn du noch ein bisschen näher kommst,

hau ich dich«, sagt sie und guckt ihn trotzig an.

Jens pfeift leise durch seine lakritzschwarzen Zähne. »Bist ja richtig mutig heute, Doofkloß.« Er gibt Marietta einen so kräftigen Schubs, dass sie hinfällt.

»Hoffentlich sitzt du gut!«, schreit Jens. Er öffnet Mariettas Schultasche und dreht sie auf den Kopf. Bücher, Hefte, das Etui, alles fällt heraus. Der Farbkasten poltert gegen eine Baumwurzel und springt auf.

»Lass meine Sachen in Ruhe!«, schreit Marietta.

Jens bückt sich nach dem Kasten. »Was 'n das für 'ne komische Sardinenbüchse?«, fragt er. Mit Schwung wirft er den Kasten in die Luft. Er tritt ihn wie einen Fußball über den Schulhof. Die Farbtöpfchen kullern über den grauen Asphalt.

In diesem Moment schrillt die Schulglocke. Es ist genau acht. Der Unterricht fängt an. Jens trabt zur Eingangstür, ohne sich umzugucken. Mit geballten Fäusten steht Marietta neben dem Birkenbäumchen.

Machen die Farben nun stark oder nicht? Marietta nimmt Anlauf und spurtet hinter Jens

her. Noch bevor er die Schultür erreicht hat, tritt sie ihm mit Schwung in sein Hinterteil. Jens schreit laut auf. Mit schmerzverzerrtem Gesicht reibt er über seine linke Pobacke. Suchend guckt er sich um. Er kann Marietta nirgends entdecken, denn sie hat sich schnell hinter dem Müllcontainer versteckt.

»Das kriegst du wieder!«, schreit Jens. »In der großen Pause!«

Marietta sucht auf dem Hof nach ihren verstreuten Farbtöpfchen. Eines nach dem anderen steckt sie in den Blechkasten zurück. Der hat jetzt noch mehr Beulen als vorher. Marietta stopft alle Sachen in ihre Schultasche. Endlich steht sie vor der Tür der Klasse 2b und klopft an.

»Warum kommst du zu spät?«, schimpft Direktor Krips. »Wir haben schon mit der Kunststunde angefangen.«

Marietta guckt zur letzten Reihe hin. Da sitzt Jens. Unruhig rutscht er auf seinem Stuhl hin und her. Er hat seine Malsachen noch nicht ausgepackt.

»Setz dich, Marietta«, brummt der Direktor. »Male ein Bild von dem schönsten Beruf, den du dir denken kannst.«

Während die anderen Kinder unschlüssig in ihren Farben rühren, weiß Marietta sofort, was sie malen will: einen Maler natürlich.

»Los Jens, fang du auch endlich an«, sagt Direktor Krips.

»Hab Kopfschmerzen«, brummt Jens.

Marietta dreht sich kichernd zu ihm um. »Nee, Po-Schmerzen«, sagt sie laut. Die anderen Kinder kichern mit ihr. Das tun sie sonst nie.

Jens beißt sich wütend auf die Unterlippe. »Po-Schmerzen wirst du auch bald kriegen, Doofkloß«, ruft er.

Marietta klappt ihren Zauber-Farbkasten auf. Zuerst malt sie einen schwarzen Kreis aufs Papier und viele Kreise drum herum. Die werden immer größer, wie bei einer Lakritzschnecke. Ob man ihr Knoblauch-Geschmack anhexen kann? Marietta überlegt. Jetzt müsste ihr ein Knoblauch-Lakritz-Zauberwort einfallen!

Der Direktor guckt ihr über die Schulter. »Komisches Bild«, sagt er. »Was soll denn das für ein Beruf werden?«

»Das ist eine Hexen-Schnecke«, antwortet Marietta schnell.

»Klar«, ruft Jens von hinten. »Hexe passt zu dir.«

Der Direktor stöhnt. Kunst unterrichtet er gar nicht gern. Da wird bloß gekleckst und jeder macht, was er will.

Marietta lächelt, denn nun weiß sie das Zauberwort. Sie löst das Zeichenpapier vom Block und lässt es unter ihrem Tisch verschwinden. »Hexen-Schnecke«, flüstert sie. »Knoblauch-Bauch.« Dabei schüttelt sie das Papier.

Schon rollt eine kleine Lakritzschnecke über den Boden. Sie bleibt zwischen Mariettas Füßen liegen. Das Zeichenpapier ist jetzt ganz leer. Eilig steht Marietta auf. Sie geht zu Jens und drückt ihm das Zauberlakritz in die Hand. »Für dich«, sagt sie. »Gegen Po-Schmerzen.«

»Ich find dich trotzdem doof«, zischt Jens.

Marietta setzt sich schnell wieder auf ihren Platz, um ihren Traumberuf zu malen. Als das Bild von dem Maler fertig ist, zeigt sie es stolz dem Direktor.

»Gut, dass du noch mal angefangen hast«, sagt er. »Bist noch so klein und schon eine große Malerin. Du verstehst offensichtlich was von Kunst!« Der Direktor schreibt *sehr gut* unten rechts aufs Bild und sagt: »Wir hängen es sofort auf.«

»Nein, das will ich mit nach Hause nehmen«, antwortet Marietta. »Zum Aufhängen male ich ein anderes Bild.« Sie nimmt das Zeichenpapier, auf dem eben noch die schwarze Schnecke zu sehen war. Auf die linke Seite strichelt sie eine graue Wiese, auf die rechte Seite eine grüne.

»Was soll das nun wieder werden?«, brummt der Direktor. »Graue Wiesen gibt es nicht.«

»Doch. Gibt es«, sagt Marietta.

Jens heult plötzlich laut auf. »Ihh!«, schreit er. »Ich hab in Gift-Lakritz gebissen!« Er rennt nach vorn zum Papierkorb und spuckt den Rest der Lakritzschnecke aus.

Direktor Krips reckt seine Nase in die Luft. Er schnüffelt. »Wonach riecht es denn hier?«, fragt er. »Jens, bist du das?« Jens antwortet nicht. Er spült seinen Mund mit Wasser aus.

Kichernd hält sich Marietta das Zeichenblatt vors Gesicht.

»Mit dir rechne ich noch ab, Doofkloß!«, zischt Jens.

Marietta beugt sich wieder über ihr Bild. Auf die grüne Wiesenseite malt sie Frau Äuglein.

Die hochgesteckten Zöpfe malt sie braun, die Schürze gelb. Frau Äuglein hält ihren Schrubber in der Hand und schrubbt das Grau der Wiese weg.

Als es klingelt, heftet Marietta das Bild an die Wand. *Für die liebste Putzfrau in der Stadt!* steht darunter.

Spinat-Vulkan und Schrumpel-Reibekuchen

Max würgt schon den zweiten Löffel Spinat hinunter, als Marietta in die Küche stürmt. Mit fünf Minuten Verspätung, weil sie ein bisschen geklüngelt hat.

»War's schön in der Schule?«, fragt Mama. »Hast du dir die Hände gewaschen?«

»Beides nein, wetten?«, sagt Max. Er bohrt mit dem Zeigefinger eine Höhle in seinen Spinat.

Marietta wirft ihren Zeichenblock mitten auf den Esstisch, genau zwischen Max' Spinatteller und die Schüssel mit dem Vanillepudding. »Hmm, mein Lieblingsessen!«, sagt sie und lässt sich auf ihren Stuhl zwischen Mama und Papa fallen. Gierig zieht sie die Schüsseln zu sich hin.

»So benimmt sich eine Dame aber nicht«, sagt Mama.

»’s gibt keine Damen, die erst acht sind«, brummt Max.

»Aber eine große Malerin bin ich. Hat Direktor Krips gesagt«, antwortet Marietta. Sie häuft einen Spinatberg auf ihren Teller. In die Mitte drückt sie eine Kuhle, damit der Berg aussieht wie ein Vulkan. Dann greift sie nach dem Schöpflöffel, der im Vanillepudding steckt.

»Was machst du denn da?«, tadelt Mama sanft. »Pudding nimmt man doch erst zum Nachtisch.«

»Ich will ihn aber sofort«, widerspricht Marietta. Sie füllt eine Pfütze Vanille-Nachtisch mitten in den Spinat-Vulkan-Krater. »Grüner Spinat und gelber Sonnenblumen-Pudding. Die Farben passen gut zusammen. Ich weiß das. Ich versteh was von Kunst. Hat Direktor Krips gesagt.« Marietta schiebt sich einen Löffel Spinat mit Pudding in den Mund. Endlich ist sie still. Sagt kein Wort mehr und isst.

»Du bist ein Vielfraß! Das hat dein Bruder gesagt«, brummt Max. Er würgt an seinem dritten Löffel Spinat.

»Hör auf zu lästern, Einstein«, ermahnt ihn Papa.

Marietta streckt Max ihre grüngelbe Zunge raus.

Mama lächelt. »Du wirst nie eine Dame, Kind!«, sagt sie.

»Will ich auch gar nicht«, antwortet Marietta mit vollem Mund.

»Ich auch nicht«, sagt Max.

»Und ich auch nicht«, sagt Papa, während er jetzt ebenfalls einen Spinat-Vulkan mit Pudding auf seinen Teller kleckst.

Mama schüttelt den Kopf. »Aber Fritz! Ein Vater tut so was nicht!«

»Doch!«, antwortet Papa. »Schmeckt gut. Sehr gut. Wird ja sowieso im Vulkan-Magen vermischt.«

»Vulkan-Magen«, wiederholt Mama und schluckt. Sie legt Messer und Gabel hin. »Komisch, ich hab plötzlich gar keinen Hunger mehr.«

»Wenn du nichts mehr isst, bin ich auch satt«, sagt Max. Er schiebt den Teller von sich. Er mag keinen Spinat und keinen Vanillepudding. »Ich bin blattplattsatt.«

Papa tupft seinen Mund ganz vornehm mit der Serviette ab. Dann schiebt er seinen Stuhl zurück. Er geht um Marietta herum zu Mama. Papa ist ein ziemlich kleiner Mann, bloß einen Meter sechzigeinhalb. Er braucht sich also nur ein bisschen zu bücken, um der sitzenden Mama einen Spinatkuss auf die Wange zu geben. »Das Essen war ausgezeichnet, Elfriede«, sagt er.

»Danke«, antwortet Mama und guckt schon wieder freundlicher. »Jetzt räumen wir ab. Vor allem den Zeichenblock, der da mitten auf dem Esstisch liegt.«

»Den nehm ich«, sagt Marietta und grapscht nach ihrem Block. »Ich hab heute mit Zauber-Wasserfarben gemalt.« Sie schlägt das erste Blatt zurück. Stolz zeigt sie ihr Bild.

»Nee«, sagt Max, »das ist doch keine Kunst. Da kann ja jeder erkennen, was es sein soll. Nicht mal 'n kleines bisschen geschmiert hast du. Ein richtiger Maler muss schmieren!«

»Hm«, brummt Papa anerkennend. »Gutes Bild. Das ist ein Maler vor seiner Staffelei.«

»Wie aus dem richtigen Leben«, lobt Mama, »der zerbeulte Schlapphut, das weiße Halstuch. Das hast du wirklich prima hingekriegt, Kind.«

»Warum hat er gelbe Gummistiefel an?«, will Max wissen.

»Weil Gelb meine Lieblingsfarbe ist«, antwortet Marietta.

»Unten drunter steht *sehr gut*«, stellt Papa stolz fest.

»Hat Direktor Krips geschrieben«, sagt Marietta.

»Die Nase ist zu groß«, behauptet Max. »Künstler haben kleine Nasen.«

»Und du hast ’ne große Klappe«, antwortet Marietta. »Genau wie Jens. Aber dem hab ich’s heute gegeben!«

»Jedenfalls hast du Spinat am Kinn«, sagt Max. »Weil du nämlich schlabberst wie ein Baby.«

»Selber Baby«, schimpft Marietta. »Du hast nur ein paar Löffelchen gegessen und auf deinem Tellerchen rumgepatscht.«

»Du hast Vulkane gematscht!«, brüllt Max.

»Papa auch«, schreit Marietta.

Max reißt ihr den Zeichenblock aus den Händen. Er rennt damit die breite Holztreppe rauf. Marietta flitzt hinterher.

»Denkt dran, euer Zimmer aufzuräumen!«, ruft ihnen Mama nach.

»Nee. Das kann meine Spinat-Schnepfen-

Schwester alleine machen!«, ruft Max zurück. Er stößt die Tür zum Kinderzimmer auf. Schon steht er am offenen Fenster. Mit einer Hand hält er Mariettas Zeichenblock nach draußen. »Wenn du meine Zimmerhälfte mit aufräumst, kriegst du den Block wieder. Wenn nicht, landet er da unten im Stachelbeerstrauch.«

»Du bist ein ganz gemeiner Spinat-Matsch-Max!«, schimpft Marietta. Sie freut sich, dass ihr so ein schönes Schimpfwort eingefallen ist.

Ob sie sich noch mehr ausdenken kann? »Du Mecker-Max, Mini-Spinner, Hüpf-Rüssel!« Sie beginnt ihren Bruder zu kitzeln. »Gib sofort meinen Zeichenblock her!«

Max schüttelt sich vor Lachen. Fast rutscht ihm der Zeichenblock aus der Hand. »Also gut. Du hast gewonnen«, sagt er und gibt Marietta den Block zurück. Die legt ihn auf ihr Kopfkissen. »Du räumst jetzt deine Seite auf. Ich meine«, bestimmt sie.

»Geht nicht«, antwortet Max. »Ich hab einen Riesen-Rosen-Kohldampf. Wenn ich nur ein kleines Fitzelchen Papier aufhebe, kipp ich bestimmt um. Ich muss erst mal was essen.« Er zieht seine Schreibtischschublade auf und holt einen Teller hervor. Darauf liegen sieben verschrumpelte Reibekuchen.

»Sind die von vorvorgestern?«, fragt Marietta. Sie leckt sich über die Lippen.

Max wühlt in seinem Schreibtisch. Er holt auch noch eine Flasche Ketschup hervor. »Klar. Hab die Reibekuchen versteckt«, sagt er. »Für schlechte Zeiten. Und die sind heute.«

»Gibst du mir welche ab?«, bettelt Marietta.

»Nur, wenn du meine Seite mit aufräumst.«

»Das ist Erpressung«, sagt Marietta.

»Nee. Unter uns Erwachsenen nennt man das *Geschäfte machen*«, antwortet Max. Er kippt Ketschup auf einen Reibekuchen. Mit drei großen Bissen hat er ihn aufgegessen.

»Du und erwachsen!«, spottet Marietta. »Du bist doch bloß ein Jahr älter als ich!«

»Ja, älter. Und viel dünner«, sagt Max kauend.

»Dafür hast du abstehende Ohren!«, schimpft Marietta.

»Kluge Menschen brauchen nicht schön zu sein«, sagt Max.

»Ich kann besser malen«, sagt Marietta.

»Besser aufräumen auch«, behauptet Max. »Du kriegst drei Reibekuchen dafür.«

»Vier!«

»Gebongt, dreieinhalb. Das ist ehrlich geteilt.« Max hält Marietta den Teller hin und die Ketschupflasche.

Fünf Minuten lang sitzen sie auf dem Bett. Sie futtern die alten Reibekuchen, ohne ein Wort zu reden. Max wischt gerade seine Ketschup-Finger am Bettlaken ab, als ein Schlapphut durch das offene Fenster fliegt.

Professor Sehrgut mit dem Suppenhut

Marietta hebt den Hut auf und beugt sich aus dem Fenster. Neugierig guckt sie zum verwilderten Nachbargrundstück hinüber. Da entdeckt sie ihn, den bärtigen Mann mit den gelben Gummistiefeln. Wie ein vergnügtes Kind hüpft er durch das hohe Gras. Jetzt bleibt er vor einem Rosenstrauch stehen. Er steckt seine große Nase in eine Blüte, um daran zu schnuppern. Genießerisch schließt er die Augen und ruft: »Hmmm! Spinat-Rosen!«

Marietta verschluckt sich vor Schreck an dem letzten Stück Reibekuchen im Mund. Sie muss mächtig husten. Max steht sofort neben ihr und klopft ihr mit den fast sauberen Händen auf den Rücken. »Hat Mama 'n Frosch in die Reibekuchen eingebacken?«, fragt er.

Marietta zeigt in den Nachbargarten. »Ein

Verrückter. Der nimmt seine Nase gar nicht mehr aus den Rosen raus.«

»Komischer Rosen-Vogel mit Riesen-Riecher«, sagt Max. »Ist der nebenan eingezogen?«

Jetzt fängt der bärtige Mann an zu tanzen. Er dreht sich um sich selbst, wie eine Primaballerina in Gummistiefeln. Anmutig reckt er beide Arme über den Kopf. Aber da steht er schon wieder still. Er tastet auf seinem Kopf herum. »Mein Hut!«, ruft er. »Wo ist mein Suppenhut?«

»Suppenhuhn heißt das!«, ruft Marietta. Wie eine Frisbeescheibe schleudert sie den Schlapphut zu dem Mann runter. Der fängt ihn mit einer Hand. Er guckt zu den Kindern hoch, verbeugt sich ein kleines bisschen und sagt: »Guten Quark.«

»Guten Tag, heißt das«, verbessert ihn Max.

»Sehr gut«, antwortet der Fremde.

»Der spinnt«, flüstert Marietta. »Wir machen lieber das Fenster zu.«

»Lass offen«, sagt Max. »So 'n bisschen Spinnen steckt doch nicht an.« Er beugt sich weit aus dem Fenster. »Ich bin Max!«, ruft er. »Das ist meine Schwester Marietta.«

»Sehr gut«, antwortet der Fremde wieder. Er setzt seinen Schlapphut auf. »Ich bin Maler. Ich beiße Professor Sehrgut.«

»Was der für ’n Quatsch quasselt«, flüstert Marietta. »Ich hab den schon mal irgendwo gesehen.«

Max staunt. »Professor sind Sie?«

»Ja, Professor der Malerei und Roserei. Aber jetzt muss ich an die Arbeit. Auf Wiedersehen.« Der Mann schreitet auf das Nachbarhaus zu und öffnet die Tür. Er dreht sich noch einmal zu Marietta und Max um. »In diesem Garten wachsen ausgezeichnete Spinat-Rosen!«, ruft er. »Hier bleibe ich.«

»Ich find den echt stark!«, sagt Max. »Quarkstark!«

»Mein quarkstarker Bruder soll mir jetzt beim Aufräumen helfen«, verlangt Marietta.

»Musst du alleine machen«, antwortet Max. »Ich hab dir Reibekuchen gegeben. Geschäft ist Geschäft.«

»Eingebildetes Reibekuchen-Monster mit Ketschup«, schimpft Marietta.

»Kartoffelnasen-Malerin!«

»Angeber-Streber!«

Jetzt ist Max aber beleidigt. Stumm setzt er sich an seinen Schreibtisch. Zuerst will er die Mathehausaufgaben erledigen. Mathe ist sein Lieblingsfach. Und Sachkunde, Sprache und Sport. Max hat lauter Einsen auf dem Zeugnis. Deshalb nennt er sich ja auch Einstein. Nur in Kunst, da kriegt Max immer eine Vier.

Schmollend räumt Marietta die Zimmerhälfte ihres Bruders auf. Sie zerrt zwei Schwimmflossen unter seinem Bett hervor. Die pfeffert sie in seinen Kleiderschrank. Aus dem Papierkorb angelt sie Max' linken Pantoffel. Den rechten zieht sie aus dem Bücherregal. Beide Pantoffeln stellt sie ordentlich auf den leeren Reibekuchen-Teller. »Hier. Käse zum Nachtisch. Weil du keinen Pudding magst«, sagt sie.

»Ruhe. Einstein muss denken«, brummt Max.

»Du bist der unordentlichste Junge, den's gibt!«, schimpft Marietta.

»Einstein war auch unordentlich«, sagt Max. Beim Rechnen lässt er sich nicht gern stören.

Marietta hat genug von ihrem Bruder. Sie dreht ihm den Rücken zu und räumt ihre eigene Zimmerhälfte auf. Sie stapelt ein paar Schulbücher zusammen. Die Hausaufgaben will sie erst heute Abend machen. Sie hebt ihr Plüschpferd vom Boden auf. Das gehört aufs Bett. Da liegt auch noch der Zeichenblock.

»Wenn ich groß bin, werde ich Kunstprofessorin«, sagt Marietta. Sie schlägt den Zeichenblock auf, um ihr schönes Bild noch mal anzugucken. Erschrocken starrt sie das leere, weiße Blatt an. »Mein Bild von dem Maler ist weg!«, ruft sie.

»Weil du auch unordentlich bist«, brummt Max.

»Du hast den Zeichenblock aus dem Fenster gehalten«, sagt Marietta. »Vielleicht liegt das Bild im Garten.«

Max und seine Schwester beugen sich weit aus dem Fenster.

»Da hängt was Weißes im Stachelbeerstrauch«, sagt Marietta.

»Sieht aus wie 'n Halstuch«, antwortet Max. Er klettert aus dem Fenster. Seine Füße tasten sich an dem Mauervorsprung entlang. Max springt in den Garten. Vorsichtig zupft er das weiße Tuch vom Strauch und klettert ins Zimmer zurück.

Marietta betrachtet nachdenklich das Tuch.

Max tippt mit einem Finger auf den leeren Zeichenblock, aber er sagt nichts. Marietta bindet das Tuch um das Wasserglas mit der Sonnenblume. »Der Professor ist aus meinem Zeichenblock rausgefallen«, flüstert sie. »Genau wie die Sonnenblume.«

Max nickt. »Einstein glaubt das auch«, sagt er.

»Ich kann mir jetzt alles zaubern, was ich will«, überlegt Marietta. »Bonbons, Kaugummi, Eis, Kuchen, Vanillepudding.«

»Oder eine grüne Katze«, sagt Max. »Aber zuerst musst du für mich ein Bild malen. Einen Indianer auf seinem Pferd.«

»Wieso?«, fragt Marietta.

»Ja, weil …«, Max druckst herum. »Wir hatten heute auch Kunst. Mein Indianer sah aus wie 'n Punker und das Pferd wie 'n Fisch. Wenn ich morgen kein vernünftiges Bild vorzeige, krieg ich eine Fünf.« Max guckt seine Schwester bittend an.

»Was gibst du mir dafür?«, fragt Marietta.

»Ich räum deine Zimmerhälfte auf«, antwortet Max.

»Nee. Die ist fertig. Ich weiß was Besseres.« Marietta hält Max ihr Mathebuch und ihr Heft hin. »Du rechnest für mich Aufgabe acht. Die kann ich nämlich nicht, Einstein.«

»Gebongt«, sagt Max. »Eine Reibekuchen-Hand wäscht die andere.«

Farbklecks-Gehex

Marietta und Max wollen gerade mit den Hausaufgaben anfangen, als jemand die Treppe heraufpoltert. Papa stürmt ins Zimmer. Um seinen Hals hängt sein automatischer Fotoapparat. In der Hand hält er ein Fernglas.

»Ich muss euch mal stören, Kinder«, sagt er. »Ich glaube, auf dem Nachbargrundstück schleicht ein Einbrecher herum. Von eurem Fenster aus habe ich die beste Sicht.«

»Kein Einbrecher«, antwortet Max, »nur ein verrückter Rosen-Riecher mit Hut.«

»Der ist heute eingezogen. Er heißt Professor Sehrgut«, erklärt Marietta. »Er hat uns schon ein Interview gegeben.«

»Ein Professor?« Papa zückt sofort sein kleines Notizbuch. »Komischer Name, Sehrgut.«

»Er ist Maler. Genau wie ich!«, sagt Marietta.

»Hm. Ein Künstler also.« Mit seinem kürzesten Bleistiftstummel macht Papa Notizen. »Und der wohnt in dem schönen Haus nebenan? Maler, Sänger, Schreiberlinge! Die haben doch nie Geld.«

»Du bist doch selbst ein Schreiberling«, sagt Max.

»Bei der Zeitung. Das ist was anderes. Das ist was Solides«, antwortet Papa. Er setzt das Fernglas an die Augen und starrt zum Nachbarhaus hinüber.

»Das ist Spionieren. Das tut man nicht, Papa«, sagt Marietta.

»Ich bin Reporter. Ich *muss* spionieren«, widerspricht er.

Jetzt kommt Professor Sehrgut aus dem Haus. Unter seinem Arm klemmt eine Staffelei. In der linken Hand trägt er einen Bogen weiße Pappe und ein Köfferchen.

Papa drückt Max das Fernglas in die Hand. »Hier, halt mal!«, sagt er und zückt seinen Fotoapparat. »Den Mann muss ich unter die Lupe nehmen. Ein Professor! Sicher einer von denen, die immer alles vergessen. Professoren sind zerstreuter als Niespulver!« Papa schießt ein Foto.

»Du bist doch selbst immer zerstreut, Papa«, sagt Marietta.

»Das ist was anderes«, antwortet er. »Ich bin überarbeitet.« Papa knipst noch ein Bild.

Professor Sehrgut stellt seine Staffelei neben einem Rosenstrauch ab.

»Hm«, brummt Papa. »Der kommt mir irgendwie bekannt vor. Ich werde ihn mal zu uns einladen. Dann kann ich ihn besser kennen lernen.« Papa steckt sein Notizbuch wieder ein. Eilig geht er aus dem Zimmer.

Max starrt durch das Fernglas und pfeift durch die Zähne. »Der Professor hat ganz viele Farbtuben in seinem Koffer«, sagt er. »Jetzt schraubt er eine blaue Tube auf und eine gelbe. Er schmiert Farbe auf die Pappe.«

»Professor Klecks«, antwortet Marietta kichernd.

»Drecks-Klecks, fideldigaukel Schaukel!«, ruft Professor Sehrgut. Mit einem langen Pinsel zieht er blitzschnell gelbe und blaue Striche über die Pappe.

»Der malt ja bloß 'ne Schaukel«, sagt Max enttäuscht. »Is' ja öde. Das kann ja jeder. Sogar ich.«

»Lass mich auch mal durchgucken!«, drängelt Marietta. Sie nimmt ihrem Bruder das Fernglas ab. »Der malt wie 'n Kleinkind!«, sagt sie.

»Schaukelbaum-Schaum!«, ruft der Professor. Er trägt die bemalte Pappe zum Apfelbaum. Dort schüttelt er sie wie eine Tischdecke, auf der Kuchenkrümel liegen.

»Bei dem ist wohl 'ne Schraube locker«, sagt Marietta. Sie tippt sich mit dem Fernglas gegen die Stirn.

»Rockerzocker-Dibum!«, ruft der Professor.

Mit offenem Mund starrt Max in den Nachbargarten hinunter. »Das gibt's nicht. Das glaub ich nicht«, stammelt er. »Der Professor sitzt auf einer Schaukel!«

»Na und?«, sagt Marietta. »Erwachsene schaukeln gerne, wenn keiner guckt.«

»Aber die Schaukel ist gelb mit blauen Streifen drauf.«

»Ist nicht verboten«, sagt Marietta.

»Kung-Fu-Schwung!«, ruft der Professor. Er schaukelt so hoch, dass er im dichten Laub des Baumes kaum noch zu sehen ist.

»Weißt du, was ich glaube«, sagt Max. Vor Aufregung tritt er von einem Bein aufs andere.

»Dass du ganz dringend aufs Klo musst«, antwortet Marietta.

Max hört das gar nicht. »Er hat die Schaukel gemalt und sie an den Baum gehext! Er hat den gleichen Trick drauf wie du!«

»Hör auf zu träumen«, schimpft Marietta. »Mach lieber meine Hausaufgaben!«

»Max!«, tönt Papas Stimme von unten. »Bring mir mein Fernglas runter!«

»Ich geh jetzt nach drüben in den Garten«, sagt Max entschlossen. »Ich guck mit den Zauberprofessor genau an.«

»Du bist ganz schön neugierig«, stellt Marietta fest.

»Einstein war auch neugierig«, antwortet Max.

»Ich bin's auch ein bisschen«, sagt Marietta. »Ich komme mit.«

Max nimmt Papas Fernglas und rennt die Treppe runter.

Huhnfisch unterm Tisch

Marietta und Max bleiben vor dem Loch in der Hecke stehen. »Hier geht's durch«, bestimmt Max. Er schlüpft zum Nachbargrundstück hinüber. Marietta kriecht hinterher.

»Zum Fliegenquieken, Bäumeverbiegen!«, jauchzt der Professor und schaukelt. »Das ist ein Spaß zum Ziegenkriegen!«

»Und Gipsbeinliegen«, sagt Max.

Er hat nicht mit den guten Ohren des Professors gerechnet, denn der springt mit einem gekonnten Satz von der Schaukel. Der Professor starrt Marietta und Max an.

»Die Fenstergucker!«, ruft er. »Klarinetta und Fax! Aber im Augenblick kann ich keinen Besuch verbrauchen. Ich arbeite dämlich.« Er hebt die Pappe von der Wiese auf und trägt sie zur Staffelei zurück.

Marietta stupst Max in die Seite. »Guck mal«, flüstert sie. »Die Pappe ist leer. Das Bild von der Schaukel ist weg.«

»Dafür hat der Professor jetzt einen bunten Hosenboden«, flüstert Max zurück. »Gelbe und blaue Streifen. Der hat sich in ganz frische Farbe gesetzt.«

»Ich will gerade ein Bild malen«, sagt Professor Sehrgut. Er schraubt eine Tube mit dunkelroter Farbe auf. »Also verkrümelt euch bitte. Wenn mir einer beim Malen zuspuckt, geht mir das auf den Kuchen.«

»Auf den Keks«, verbessert ihn Max.

»Kekse habe ich nicht«, sagt der Professor. »Es ist überhaupt nichts zu essen da. Kommt ein anderes Mal wieder. Auf Wiederspähen.« Der Professor tupft einen Klecks mitten auf die Pappe. Marietta und Max hat er ganz vergessen. »Knödelmehl-Möbel, Apfelsprudel-Stuhl«, ruft er. »Wischwasch-Tisch!« Er streicht so schnell mit dem Pinsel über die Pappe, als hielte er einen Degen in der Hand.

»Der schmiert«, sagt Max leise. »Wie sich das für einen richtigen Maler gehört! Der malt einen Tisch und Stühle oder so was Ähnliches.«

»Direktor Krips würde ihm ’ne Fünf geben«, flüstert Marietta.

Sie hebt den Kopf und lauscht. Hat da gerade jemand ein Foto geschossen? Tatsächlich, Papa beugt sich mit seinem Fotoapparat über den Gartenzaun. Mama steht neben ihm.

»Marietta! Max!«, ruft Mama. »Was macht ihr denn da im Nachbargarten? Stört ihr diesen Herrn auch nicht? Sind Sie neu eingezogen, Herr …?«

»Ist das eure Frage-Mutter?«, sagt der Professor leise.

»Ist sie«, flüstert Max.

»Der Mann daneben ist Papa«, erklärt Marietta. »Er ist von Beruf neugierig.«

Der Professor legt den Pinsel an die Seite. Mit großen Gummistiefel-Schritten stapft er zum Rosenstrauch, um die größte Rose abzupflücken. Er beugt sich über den Gartenzaun, hält Mama die Rose hin und sagt: »Verkehrte Dame, ich bin Professor Sehrgut, Ihr neuer Nachtbär. Ich möchte Ihnen diese Spinat-Hose schenken.«

Mama lächelt verwirrt. »Danke schön«, sagt sie und nimmt die Rose.

»Nachtbär«, wiederholt Papa. »Spinat-Hose.« Er zieht einen Bleistiftstummel aus der Tasche und schreibt die Wörter in sein Notizbuch. »Ganz schön verrückt!«

»Verrückt und betickt ist chic!«, sagt der Professor. »Wollen Sie auch eine Hose?«

»Nein, danke«, sagt Papa. »Aber kommen Sie doch heute Abend zu uns rüber! Meine Frau und ich möchten Sie gern kennen lernen.«

»Schwer gerne!«, antwortet der Professor. »Wenn Ihre zahme Dame nichts dagegen hat.«

»Wer?«, fragt Papa.

»Ich bringe eine Tüte Kartoffel-Witz mit«, sagt der Professor. »Oder möchten Sie lieber tausend Gummimärchen?«

»Ist egal. Kommen Sie um sieben«, antwortet Papa.

»Das wird bestimmt lustig«, sagt Max und schraubt heimlich die Tube mit der braunen Farbe auf. »Ich will jetzt ganz schnell was mit Zauberfarben malen«, flüstert er. Hastig strichelt er einen großen Vogel auf die Pappe. Der sieht ziemlich zerzaust aus.

»Das ist ein Huhn«, sagt Max.

»Musst du drunterschreiben, sonst erkennt

man's nicht«, sagt Marietta. »Du hast geschmiert wie der Professor.«

»Alles Übung. Ich male immer so«, erklärt Max und grinst. »Der zerstreute Niespulver-Professor merkt ja doch nichts.«

»Er kommt«, zischt Marietta. »Leg den Pinsel weg!«

Nachdenklich schreitet der Professor zu seiner Staffelei zurück. »Um sieben also. Das ist um genau dreißig Minuten vor halb acht oder eine Stunde nach sechs«, sagt er. Professor Sehrgut guckt stirnrunzelnd sein Bild an. »Hm. Meine Gedanken sind heute irgendwie verwelkt. Ich kann mich nicht erinnern, dass ich diesen braunen Fisch da gemalt habe.«

»Marietta! Max!«, ruft Papa vom Gartenzaun herüber. »Wann wollt ihr eure Hausaufgaben machen?«

»Am liebsten gar nicht«, antwortet Marietta.

»Wir gehen jetzt«, sagt Max. »Auf Wiedersehen, Herr Professor.«

»Auf Wiedermähen!« Professor Sehrgut steht mitten im hohen Gras. Er kratzt sich die Stirn und schiebt seinen Schlapphut in den Nacken. »Der Rasen muss gemäht werden«, murmelt er.

»Ich brauche ein paar hungrige Schafe.« Seufzend schleppt er die bemalte Pappe bis zum Rosenstrauch. Dort schüttelt er sie wieder, als würden Krümel drauf liegen. Im Nu stehen da drei Gartenstühle und ein Tisch. Alles rot. Nur das Huhn, das unter dem Tisch hockt, das ist braun. Es gackert leise. Der Professor beugt sich nach unten, um das Tier genauer zu betrachten.

»Ich dachte immer, Fische sind stumm«, brummt er.

Das Huhn flattert erschrocken durch den Garten. Endlich findet es das Loch in der Hecke und schlüpft hindurch.

Tausendundein Gummimärchen

Genau um sieben Uhr tippt jemand siebenmal auf die Klingel. Papa reibt sich vergnügt die Hände. »Jetzt werde ich ein schönes Interview machen«, sagt er und öffnet die Tür.

Draußen steht der Professor. Mit Schlapphut und Gummistiefeln. Unter seinem Arm klemmt ein Zeichenblock. Er verbeugt sich höflich. »Gute Nacht«, sagt er.

»Guten Abend«, antwortet Papa. »Bitte kommen Sie herein.«

Max zupft am Zeichenblock des Professors. »Soll ich den für Sie tragen?«, fragt er.

Marietta schubst ihren Bruder an die Seite. »Nein, ich will den nehmen«, sagt sie.

»Lieber nein danke«, antwortet Professor Sehrgut. »Hier drin ist ein Geschenk für eure Frage-Mutter.«

»Bitte nennen Sie meine Frau nicht Frage-Mutter«, sagt Papa. Verlegen streicht er mit einer Hand über seine wenigen Haare. »Wir heißen Schulz, alle vier.«

Der Professor schreitet in seinen Gummistiefeln über den Wohnzimmerteppich. Er schüttelt Mama die Hand. »Danke für die Steinladung, Frau Schulzallevier«, sagt er.

»Nur Schulz, bitte!«, verbessert Mama.

»Ich habe Ihnen ein Kunstwerk mitgebringselt, Frau Nurschulzbitte.« Der Professor schlägt seinen Zeichenblock auf. Er hält Mama ein Bild unter die Nase.

»Hm«, sagt sie. »Mariettas Bilder gefallen mir besser. Das hier ist mir zu abstrakt. Das sind bloß lauter bunte Farbkleckse.«

»Gummimärchen sind immer bunt«, erklärt der Professor. »Wo möchten Sie sie hinhaben?«

Papa hustet verlegen. »Verzeihen Sie«, sagt er. »Ihr Gemälde passt überhaupt nicht in unser Wohnzimmer. Wir haben lieber Bilder von Blumen.«

Der Professor fängt an mit seinem Zeichenblock zu wedeln.

»Ist Ihnen zu warm?«, fragt Mama und öffnet die Terrassentür.

Aber der Professor wedelt weiter. »Gummibär-Futter für Farbklecks-Mutter«, brabbelt er. »Gebissriss-Klebeklöße.«

Im ganzen Zimmer verstreut liegen plötzlich Gummibärchen. Mama macht vor Staunen ganz große Augen. »Oh«, flüstert sie, »eine Gummibärchen-Explosion!«

»Verzeitung«, sagt der Professor. »Ich wollte Sie nicht erschnecken. Ich wollte Ihnen nur was vorzaubern.«

»Ist ja ein toller Trick!«, sagt Mama.

»Tausend und ein Gummimärchen«, erklärt der Professor stolz. »Hab ich heute extra für Sie gemacht. Probieren Sie mal!«

Mama bückt sich nach einem Gummibärchen. »Lecker«, sagt sie.

»Hab lange keins mehr gegessen«, sagt Papa. Er stopft sich gleich drei Stück auf einmal in den Mund.

Marietta und Max hocken sich auf den Teppich und essen so viele Gummibärchen wie sie können. Den Rest fegen sie zusammen und füllen vier Schüsseln damit.

»Gummimärchen sind die besten Füßigkeiten der Welt«, behauptet der Professor.

»Warum reden Sie eigentlich immer so komisch?«, fragt Marietta.

»Ich bin geschüttelt worden«, sagt der Professor. »Deshalb schwappen meine vier Buchstaben manchmal fruchtbar durcheinander!«

»Geschüttelt?«, wiederholt Mama. »Als Kind? Wie herzlos!«

»Ich bin nie ein Kind gewesen«, erklärt der Professor. »Bin gleichsofort als Professor in die Welt geworfen worden. Aus einem Zeichen-Bock.«

Papa zieht ein paar Schubladen auf. Er sucht sein Notizbuch. »Wo ist denn Ihr Geburtsort?«, fragt er ohne hochzugucken.

»Zwischen den Stachelbären im Garten«, erklärt der Professor. »Hat ganz scheußlich gepikt.«

Nun guckt Papa aber doch hoch. »Ich hab wohl nicht recht verstanden«, sagt er. »Wo war das?« Er zieht sein Notizbuch zwischen ein paar Illustrierten hervor. Eilig schreibt er alles auf, was der Professor erzählt.

»Im Stachelbärstrauch«, wiederholt der Professor. »Unter dem Kinderzimmerfenster.«

»Verkaufen Sie viele Bilder?«, fragt Max, um abzulenken.

»Sehr viele«, antwortet der Professor. »Besonders, wenn sie schön schieflich und verrücktvoll sind.«

»Nicht so schnell, ich komm nicht mit«, sagt Papa. »Mein Bleistift ist abgebrochen!«

»Was kriegen Sie denn für ein Bild?«, will Marietta wissen.

»Ziemlich viel Knete-Gummi«, antwortet der Professor.

Genau in diesem Moment spaziert das zerzauste braune Huhn durch die offene Terrassentür ins Wohnzimmer.

»Wo kommt denn dieser hässliche Vogel her?«, fragt Papa.

Das Huhn stakst zögernd über den Wohnzimmerteppich. Es zupft an ein paar Wollfäden. Neben dem Sofa entdeckt es ein Gummibärchen. Das pickt es auf.

»Ich hab gedacht, dieser Mogel-Vogel sei ein Fisch!«, sagt der Professor. Er guckt Max und Marietta streng an. »Wer von euch beiden hat das Huhn auf meine Pappe gepappt?«

»Das war ich«, flüstert Max verlegen.

Das Huhn verschwindet unterm Sofa. Es sucht Gummibärchen.

»Mach das Floß nicht noch einmal, Fax! Meine Malsachen darf niemand anfassen«, schimpft der Professor. Er kniet sich vors Sofa und packt das Huhn mit beiden Händen. »Jetzt geh ich lieber nach Brause.«

»Schon?«, sagt Mama enttäuscht.

»Ja. Es tutet mir Leid«, antwortet der Professor. »Ich muss heute Nacht noch ein Dunstwerk malen. Ein Schafsbild.« Der Professor verbeugt sich vor Mama und Papa. Er klemmt sich das Huhn unter den Arm und schreitet durch die Terrassentür in den Garten hinaus. Vor dem Loch in der Hecke bleibt er stehen. Er scheucht das Huhn hindurch und krabbelt hinterher.

»Schade«, sagt Papa. »Ich hätte mich gern noch länger mit unserem neuen Nachbarn unterhalten.« Voll Tatendrang setzt er sich an seine Schreibmaschine. »Aber für einen kurzen Artikel reicht's. Morgen könnt ihr alles über Professor Sehrgut in der Zeitung lesen. Er ist ein außergewöhnlicher Mann. Wo ist mein Schreibmaschinenpapier?«

Max nimmt zwei Schüsseln mit Gummibärchen und trägt sie die Treppe hinauf. Marietta nimmt die anderen beiden Schüsseln. »Ich werd einen Tag lang nur Gummibärchen essen«, sagt sie.

»Einstein auch«, sagt Max. Er stößt die Kinderzimmertür mit einem Fuß hinter sich zu. »Gummibärchen machen schlau, wenn man sie mit Ketschup isst.«

Schmier ein bisschen, Hexen-Schwester!

Marietta rührt in ihren Wasserfarben herum und beugt sich über den Zeichenblock. Sie malt zwei Tafeln Schokolade. »Schokoladen-Süßgemüs«, murmelt sie. Max beobachtet sie gespannt. Marietta schüttelt den Zeichenblock.

Da liegen sie auf dem Tisch, die beiden Tafeln Schokolade! Marietta reißt sofort eine auf und beißt ein Stück ab. »Die andere Tafel ist für dich«, sagt sie zu ihrem Bruder.

»Gebongt!«, antwortet Max.

Kauend malt Marietta einen großen schwarzen Kreis aufs Papier.

»Wird das 'n Ufo?«, fragt Max.

»Nee. Lakritz.« Wie eine Hexe murmelt Marietta: »Blaue-Flecke, Knoblauch-Schnecke. Popo-Klopfer, Maul-Verstopfer.«

»Du hast nur Süßigkeiten im Kopf«, nörgelt

Max. »Kannst du auch was Vernünftiges zaubern? 'n Fußball oder 'n Fahrrad?«

Eine Riesen-Lakritzschnecke poltert durchs Kinderzimmer. Marietta öffnet ihre Schultasche. Sie zieht ein dickes Buch und drei Hefte heraus. Jetzt ist Platz genug, um das Lakritz hineinzustopfen.

»Ganz schön verfressen«, sagt Max.

»Die ist für Jens«, erklärt Marietta.

»Ist der etwa dein neuer Freund?«, fragt Max ungläubig.

Marietta tippt sich mit dem Finger gegen die Stirn. »Der doch nicht! Der kriegt morgen Schnecken-Kloppe.«

»Du spinnst«, sagt Max. Er nimmt Mariettas Pinsel. »Ich will jetzt auch was malen! 'n Papagei.«

»Nein«, sagt Marietta. »Bei dir sieht alles aus wie Fische!« Seufzend setzt sich Max an seinen Schreibtisch. Er fängt an die Matheaufgaben seiner Schwester zu rechnen.

Marietta taucht einen dünnen Pinsel ins Wasserglas. »Soll dein Indianer mit Sattel reiten oder ohne?«, fragt sie.

»Ohne natürlich.«

Es wird ganz still im Kinderzimmer.

Marietta malt einen Indianer auf einem braunen Pferd. Er hält Pfeil und Bogen in der Hand. Sein prächtiger Federschmuck flattert im Wind.

Max rechnet. »So 'ne pipileichte Aufgabe!«, brummt er. »Die kannst du nicht?«

»Soll der Indianer Kriegsbemalung kriegen?«, fragt Marietta. Sie stopft sich ein Gummibärchen und das letzte Stück Schokolade in den Mund.

»Jagdbemalung«, sagt Max. »Das Pferd auch. Schmier 'n bisschen. Sonst merkt meine Lehrerin, dass ich das Bild gar nicht gemalt hab, sondern du.«

»Ich schmiere nie«, sagt Marietta.

»Ich will das aber so!«, bestimmt Max. »Du musst ganz viele rosa Punkte auf den Pferdebauch klecksen.«

»Ich mal doch kein Osterei auf vier Beinen!«, sagt Marietta.

Sie legt den Pinsel hin.

»Und Einstein rechnet keine doofen I-Männchen-Aufgaben!« Max schiebt das Matheheft von sich.

»Du bist ein ganz gemeiner Doof-Max!« Marietta springt auf und haut ihrem Bruder den Zeichenblock auf den Kopf.

»Pass auf, dass der Indianer nicht rausfällt, Hexen-Schwester!«, sagt Max. Er rechnet weiter.

Marietta betrachtet den gemalten Indianer. »Nee«, antwortet sie, »das Bild darf nicht geschüttelt werden. Das brauchst du ja morgen.« Sie setzt sich wieder an ihren Tisch und tupft ganz viele rosa Punkte auf das Pferd. »Fertig!«

Max betrachtet das Bild. »Echt gut«, sagt er. »Der Indianer scheint es eilig zu haben.«

»Klar«, sagt Marietta. »Er jagt gerade einen Büffel. Er hat zwei Tage nichts gegessen. Sein Hunger ist riesengroß.«

»Erste Sahne!«, lobt Max. »Allererste Sahne! Du hast bloß zu wenig geschmiert.« Er hält Marietta das Matheheft hin.

»Hm«, brummt sie. »Du hast aber ziemlich viel rumgeschmiert. Hoffentlich ist wenigstens das Ergebnis richtig.« Sie schiebt das Heft hinter die Lakritzschnecke in ihre Schultasche.

Max legt den Zeichenblock auf seinen Tisch. »Morgen krieg ich ’ne Eins in Kunst«, sagt er.

»Und ich in Mathe«, murmelt Marietta müde.

Frühsport-Kürtel-Füße

Draußen wird es allmählich hell. Kühle Luft streicht durch das offene Kinderzimmerfenster.

Marietta zieht sich die Decke über die Ohren. »Hör auf zu blöken, Max«, brummt sie.

Aber Max gibt keine Antwort. Er hat den Kopf unter seinem Kissen vergraben und schläft.

Marietta guckt aus dem Fenster. Auf dem Nachbargrundstück drängelt sich eine Herde Schafe und frisst Gras. Der Professor sitzt an seinem roten Gartentisch. Er frühstückt. Das braune Huhn hockt neben seiner Tasse.

»Die Schafe sehen irgendwie komisch aus«, flüstert Marietta.

Professor Sehrgut guckt zum Kinderzimmerfenster rauf. Er nickt freundlich.

Marietta zieht sich mühsam an der Fensterbank hoch. Sie nimmt all ihren Mut zusammen, tastet sich ein Stück am Mauervorsprung entlang und springt in den Garten. Eilig kriecht sie durch das Loch in der Hecke. Ihr Schlafanzug bleibt an einem Ästchen hängen. Ratsch! Schon hat der Stoff einen Riss über dem Po. Marietta merkt es gar nicht. Sie bahnt sich einen Weg durch die Schafherde. Ihre Füße treten in weiche, schwarze Kürtelchen. Aber das merkt Marietta auch nicht.

»Guten Morgen, Professor Sehrgut«, sagt sie und streichelt das braune Huhn mit einem Finger.

»Puten Morgen«, antwortet der Professor. »Darf ich dich zu einem Fass Kakao einladen?«

»Eine Tasse reicht mir«, sagt Marietta. Sie setzt sich auf einen roten Gartenstuhl. Aber der kippt nach hinten weg. Marietta fällt auf die Wiese. Sie reibt über ihr schmerzendes Hinterteil und hockt sich auf einen anderen Stuhl. Das Huhn ist vor Schreck vom Tisch geflattert und davongestakst.

»Jetzt krieg ich wieder kein Frühstücks-Rührei«, brummt der Professor. Er gießt Marietta Kakao ein. »Post«, sagt er.

Marietta trinkt und verzieht das Gesicht. Der

Kakao schmeckt nach Hustensaft mit Waschpulver. Aber sie sagt nichts. Während sie tapfer das Zeug runterschluckt, drängen sich die Schafe immer näher an sie heran. Eins knabbert sogar an ihrer Schlafanzughose. Der Professor schubst es mit seinem Gummistiefel weg. »Hau ab, du Flausen-Zauber-Schaf!«, ruft er.

Marietta guckt den Professor ernst an. »Ich möchte Malerin werden«, sagt sie. »Eine berühmte Kunstprofessorin. Wie macht man das?«

Der Professor zuckt die Schultern. Er trinkt eine ganze Tasse Kakao auf einmal leer. Eilig gießt er sich noch eine Tasse ein. Die Flüssigkeit schäumt ein bisschen.

»Verraten Sie's mir doch. Ich mähe auch den Rasen für Sie«, verspricht Marietta.

Der Professor zeigt auf die Schafe. »Die können das besser. Die rauchen keinen Strom und kein Benzin.«

»Ich wasche Ihr Auto!«, sagt Marietta.

»Besitze keins. Hab nicht mal 'n Führerbein.«

»Warum wollen Sie mir denn nicht helfen?«, fragt Marietta.

»Ich sag's dir. Aber nur, wenn du ein Gereimnis für dich behalten kannst.«

Marietta nickt eifrig.

»Ich kann selber nicht richtiglich malen«, gesteht der Professor. Seufzend stützt er seinen Kopf in beide Hände. »Ich male alles verquert. Zieh dir die Schafe an. Die haben viel zu große Köpfe!«

»Lustige Schafsköpfe«, sagt Marietta.

»Der Gartenstuhl da«, fährt der Professor fort. »Der dackelt, weil seine Beine unterschiedlich lang sind. Hast du ja selbst gemerkt.«

Marietta reibt sich wieder das Hinterteil.

»Dieser Kakao hier, der schreckt wie Tee«, sagt der Professor. »Dabei bin ich gar kein Teestinker.«

Marietta schweigt höflich.

»Nur Gummimärchen, die krieg ich immer gut hin«, behauptet der Professor. Er trinkt seine zweite Tasse und rülpst leise. »Klarinetta«, sagt er, »verbrate das bloß keinem. Auch nicht deinem Ruder. Sonst klaut niemand mehr meine Bilder!«

»Versprochen«, sagt Marietta. Sie guckt zum Kinderzimmerfenster hoch. Da steht Max schon fertig angezogen.

»Jetzt muss ich meinen Schönheits-Schlaf schnarchen«, erklärt der Professor und legt sich zwischen die Schafe auf die Wiese. »Auf Wiedergähnen!« Er reißt seinen Mund so weit auf, als wolle er ein ganzes Schaf verschlingen.

Nachdenklich geht Marietta zum Haus zurück. Sie lehnt Papas Leiter an die Wand und klettert zum Fenster hoch. Max reicht ihr eine Hand und zieht sie ins Zimmer.

»Was hast du mit dem Professor geredet?«, will er wissen.

»Große Brüder dürfen nicht so neugierig sein«, sagt Marietta.

»Geheimnistuerin!«, schimpft Max. »Kürteltreterin! Hosenreißerin!«

In diesem Moment stürmt Mama ins Zimmer. Sie trägt das Nachthemd mit den vielen Spitzen. »Stellt euch vor!«, ruft sie. »Im Nachbargarten ist eine ganze Schafherde!«

»Wissen wir schon«, sagt Max.

Mama starrt auf Mariettas schwarze Kürtel-Füße und auf den Riss in ihrer Schlafanzughose. »Kind, warst du etwa drüben und hast die Schafe gestreichelt?«

Marietta nickt.

»Unser neuer Nachbar ist ja ganz nett«, sagt Mama. »Aber sehr anstrengend. So voller Überraschungen!« Sie setzt sich aufs Bett und schließt genervt die Augen.

Marietta nimmt den Zeichenblock und fächelt Mama damit Luft zu. »Keine Angst, Mama. An den gewöhnst du dich«, sagt sie. »Die meisten Menschen sind ein bisschen plemplemperig.«

»Meinst du?«, flüstert Mama. »Ich etwa auch?«

»Plemplemperig ist ein Zauberwort!«, warnt Max.

»Ich rede wie ich will, du Langschläfer-Pof-Max!«, schimpft Marietta. »Immer nörgelst du an mir rum. Immer weißt du alles besser!«

»Das Pferd! Der Indianer! Die können aus dem Zeichenblock fallen. Hör auf zu wedeln!«, warnt Max. Er weicht einen Schritt zurück.

»Sollen sie doch rausfallen!«, schimpft Marietta aufgebracht. »Der Indianer kriegt unsere Gummibärchen zum Frühstück. Und das Pferd kann dich verschlabberschmatzen.«

Genau in diesem Augenblick poltert etwas Riesengroßes mitten ins Kinderzimmer. Mama starrt das große Etwas entsetzt an. Sie kann nicht glauben, was sie da sieht.

»Um Himmels willen!«, haucht sie schwach. »Guckt euch dieses Pferd mit diesen schmutzigen Hufen an. Und was will der fremde Mann hier? Der ist ja ganz verschmiert im Gesicht. Kann der sich nicht mal waschen?«

»Das ist ein Indianer«, erklärt Marietta. »Mit Jagdbemalung.«

»Ich glaub, Mama ist in Ohnmacht gefallen«, sagt Max.

Das Pferd auf der Treppe

»In mir drin ist großer Ärger«, schimpft der Indianer. »Wollte gerade Büffel schießen!« Er steckt seinen Pfeil in den Köcher zurück. Den Bogen hängt er um seine Schulter. Er springt mit einem Satz vom Pferd. Barfuß steht er auf dem Teppich. »In meinem Pferd ist auch großer Ärger. Auf ihm klebt rosa Geschmier. Wer hat Schande auf mein Pferd gepunktet?«

»Ich«, antwortet Marietta kleinlaut. »Aber nur, weil mein Bruder das so wollte.«

»Geschmier abwischen!«, befiehlt der Indianer. Er nimmt Mariettas Kopfkissen und rubbelt damit über das Pferd, doch die Farbe geht nicht ab.

»Rote Brüder lachen mich aus«, schimpft der Indianer.

»Wie heißt du denn?«, fragt Max.

Der Indianer denkt angestrengt nach. »Heiße … Hm … Mein Name ist Erste Sahne. Nein! Allererste Sahne. Und eure Namen?«

»Das ist meine Schwester Wasserfarben-Blüte«, sagt Max. Er weiß, dass er ihr damit eine Freude macht.

»Mein Bruder heißt Einstein«, sagt Marietta.

»Mit welchem Stamm hat Wasserfarben-Blüte Krieg geführt?«, will der Indianer wissen.

»Wieso?«, fragt Marietta.

Der Indianer zeigt auf den Riss in ihrer Schlafanzughose. »Unehrenhaft, wenn Kriegerin so gerissen rumläuft!«, sagt er.

Marietta zieht schnell eine karierte Bluse an und ihre Jeans. Wie ein Cowboy sieht sie aus. Sie hofft, dass der Indianer sie mal auf seinem Pferd mitreiten lässt. »Das ist ein schönes Pferd, Allererste Sahne«, sagt sie und streichelt es.

»Du hast Pferdeschweif zu lang gemalt, Wasserfarben-Blüte«, stellt der Indianer fest. »Aber Osterei Auf Vier Beinen ist trotzdem guter Läufer.«

»Osterei Auf Vier Beinen?«, wiederholt Marietta. »Das ist ein doofer Pferdename.«

»Hast du ihm gegeben, Wasserfarben-Blüte«, sagt der Indianer.

»Aber nicht mit Absicht«, verteidigt sich Marietta.

»Kann das Pferd Treppenstufen runtergehen?«, fragt Max. »Wir sollten besser verschwinden, bevor Mama wieder zu sich kommt und Fragen stellt.«

»Erst Frühstück essen. Bitte!«, sagt der Indianer. »Habt ihr versprochen. Möchte Bärenbraten.«

»Gebongt«, sagt Max. Er hält ihm die Schüssel mit den Gummibärchen hin.

Der Indianer nimmt ein Gummibärchen. Zuerst schnüffelt er daran, dann steckt er es in den Mund. Er verzieht das Gesicht und spuckt es in hohem Bogen aus. Das angekaute Gummibärchen fliegt genau in Max' offenen Kleiderschrank.

»Großer Ekel-Geschmack!«, schimpft der Indianer. »Wie Stinktierfleisch mit Radiergummi! Möchte richtiges Essen.«

»Später vielleicht«, antwortet Max und nimmt seine Schultasche. Den Zeichenblock klemmt er sich unter den Arm. Vorsichtig öffnet er die Kinderzimmertür. Er späht die Treppe hinunter und flüstert: »Los, kommt. Papa ist noch nicht aufgestanden.«

Unten im Korridor schlägt die Standuhr sechsmal. Marietta lauscht. Klappte da gerade eine Tür zu? Marietta schnallt sich ihre Schultasche auf den Rücken und folgt Max. Der Indianer gibt seinem Pferd einen Klaps auf das Hinterteil.

Alle vier schleichen die Treppe hinunter. Die Stufen knarren leise. Als sie mitten auf der Treppe stehen, rauscht unten die Wasserspülung. Die Klotür öffnet sich. Da steht Papa, mitten im Korridor. Entsetzt starrt er auf den barfüßigen Indianer und auf das Pferd.

»How!«, sagt der Indianer.

Papa schluckt. Zuerst kriegt er kein Wort heraus. »Danke, gleichfalls«, antwortet er endlich.

»Das ist Papa«, flüstert Marietta.

»Habe großen Hunger, Bruder Papa«, sagt der Indianer.

»Ich ebenfalls«, erwidert Papa. »Habt ihr Mama gesehen?« Er wendet keinen Blick von dem Indianer.

»Sie ist in unserem Zimmer«, antwortet Marietta. »Ich glaub, ihr ist schlecht.«

»Kann ich verstehen«, brummt Papa. »Findet ihr nicht, dass ihr das Indianerspielen etwas übertreibt? Wer ist dieser Mann?«

»Allererste Sahne«, sagt der Indianer stolz.

Das Pferd beginnt unruhig zu werden. Es wiehert leise.

»Wir müssen gehen«, sagt der Indianer. »Pferd steht nicht bequem auf Treppe. Will in Prärie rumlaufen.«

»Wir haben dem Indianer bloß unser Zimmer gezeigt, Papa«, erklärt Max. Das ist nicht mal gelogen.

»Wir nehmen in der Schule gerade Amerika durch«, behauptet Marietta. Papa ist mit allem einverstanden, wenn es mit der Schule zu tun hat und seine Tochter irgendwie bessere Noten kriegt. Das weiß Marietta genau.

»Ach, dann sind Sie also heute früh schon von der Schule zu uns herübergeritten?«, fragt Papa den Indianer. »Sie wollten mal gucken, wie wir wohnen!«

»Bin bei Büffeljagd gestört worden«, sagt der Indianer. »Habe knurrigen Magen.«

Das Pferd hebt und senkt den Kopf. Es hebt seinen langen Schweif. Mit seinem rechten Vorderhuf klopft es auf der Treppe herum. Irgendetwas klatscht auf eine Stufe.

»Wir müssen jetzt sehr eilig gehen«, sagt der Indianer. »How!«

»Tschüs Papa!«, ruft Max, während er die Haustür aufzieht. Der Indianer macht große Schritte. Das Pferd folgt ihm.

»Tschüs Papa«, sagt Marietta. Sie gibt ihrem unrasierten Papa einen Kuss auf die Wange. Dann rennt sie schnell hinter den anderen her. Papa guckt ihnen verdattert nach.

»Hm«, brummt er. »Hm. Sah erstaunlich echt aus, dieser Indianer. Das Pferd auch.« Papa hockt sich auf die unterste Treppenstufe. Wie ein Kaninchen wackelt er mit der Nase und schnüffelt. »Irgendwas riecht hier komisch«, sagt er.

Vom Kinderzimmer dringt mit einem Mal Mamas schwache Stimme zu ihm runter. »Fritz? Hast du die Kinder gesehen?«

»How!«, sagt Papa. »Sie sind mit einem Indianer weggegangen.« Er stützt seinen Kopf in beide Hände. »Sie hatten ein Pferd dabei. Ein richtiges Pferd mit rosa Punkten.«

»Ein rosa Punker-Pferd?«, sagt Mama entgeistert. »Ist dir etwa auch nicht gut, Fritz?«

Papa kann ihre Schritte hören. Jetzt kommt Mama aus dem Kinderzimmer. Sie bleibt oben an der Treppe stehen. Es ist ganz still. Nur die Standuhr tickt. Papa dreht sich zu Mama um. Doch sie sieht ihn gar nicht. Sie starrt auf die Treppe.

»Was ..., was ist das, was da liegt?«, haucht sie. Mama zeigt auf die seltsamen dunkelbraunen Kugeln, die sich auf der mittleren Stufe türmen und ein bisschen dampfen.

Papa schluckt. »Pferdeäpfel«, flüstert er.

Frühstücks-Schüsse

Vor dem Haus schwingt sich der Indianer sofort auf sein Pferd. »Aufsteigen, Einstein und Wasserfarben-Blüte!«, befiehlt er. »Hinter mir sitzen!«

Marietta würde gern aufs Pferd klettern, aber sie fürchtet sich ein bisschen vor dem großen Tier. Der Indianer streckt ihr seine Hand hin. »Keine Angst haben«, sagt er. »Raufkommen!«

Zögernd fasst Marietta die Hand des Indianers. Mit festem Griff zieht er sie hinter sich aufs Pferd. »Du bist ganz schön stark, Allererste Sahne«, sagt sie. »Lass uns zur Schule reiten. Ich will Jens ärgern.«

»Wohl größenwahnsinnig?«, sagt Max. »Ich will nicht zur Schule. Ich will in den Wald, auf Bäume klettern.«

»Immer erst eins, dann das andere. Altes Indianer-Sprichwort«, sagt Allererste Sahne. »Erst Schule, dann Bäume.«

Max seufzt. Er reicht seiner Schwester den Zeichenblock und seine Tasche. »Hier, halt mal!« Er stellt sich ein paar Meter hinter das Pferd, nimmt Anlauf und landet mit einem gekonnten Bocksprung auf dem Pferderücken. »How!«, ruft er. »Allererste Sahne, du kannst losreiten.«

Der Indianer rührt sich nicht. Er lauscht. »Höre komisches Geräusch!«, sagt er. »Sind keine Büffel.«

»Das sind Schafe«, erklärt Max. »Die Schafe von Professor Sehrgut.«

Der Indianer zieht einen Pfeil aus seinem Köcher. Er spannt ihn in den Bogen. Mit seinen nackten Füßen gibt er dem Pferd einen kleinen Tritt in die Seiten. Schon trabt es los.

»Du reitest in die falsche Richtung«, sagt Marietta.

»Möchte Schafe schießen«, antwortet der Indianer. »Schafe schmecken gut.«

Jetzt sind sie vor dem Gartentor des Professors angekommen. »Komische Schafe mit Büffelköpfen«, brummt der Indianer. Aufmerksam blickt er über die Herde hinweg. Dabei hält er Pfeil und Bogen schussbereit. »Höre Büffelschnarchen«, flüstert er.

»Nee, is' kein Büffel«, sagt Marietta. »Das ist der Professor! Er liegt im Gras und schläft.«

»Was ist Professor?«, fragt der Indianer.

»Ein Mensch!«, erklärt Max. »Ein kluger, zerstreuter Mensch. Du darfst ihm nichts tun!«

Marietta zerrt mit aller Kraft an dem Bogen des Indianers. »Nicht schießen!«, ruft sie.

»Wasserfarben-Blüte möge schweigen und Hände von meiner Waffe nehmen!«, sagt der Indianer streng.

Das Schnarchen hört mit einem letzten Grunzen auf. Der Professor steht aufrecht zwischen seinen Schafen. Er glotzt den Indianer an. Da surrt auch schon ein Pfeil durch die Luft. Er bohrt sich durch den Schlapphut des Professors und bleibt mittendrin stecken.

Professor Sehrgut fasst sich auf den Kopf. »Unverschämstdudichnicht? Du kannst doch nicht einfach meinen Hut lochen!«, ruft er zu dem Indianer hinüber. »Das ist mein bester Sonntagsbraten-Hut. Mein einziger.«

»Zerstreuter Bruder, heute ist Mittwoch. Nicht Sonntag«, sagt der Indianer ernst und tippt sich an die Stirn. »Und Hutbraten kann man nicht essen. Bitte im Kopf merken, büffelschnarchender Professormensch.« Er klopft auf seinen Bauch. »Aber Schaf kann man essen.«

»Nein!«, ruft Professor Sehrgut. »Meine Schiffe werden nicht gegessen. Sie sollen doch die Wiese abgrasen!«

»Wiesekauende Schafe freuen meinen Magen«, sagt der Indianer. Er nimmt einen neuen Pfeil.

Jetzt wird Professor Sehrgut böse. Blitzschnell schraubt er eine Farbentube auf. »So eine Frechlichkeit! Kommt dieser Schafekauer in aller Frühe um Zähne nach sechs«, schimpft er. Mit wenigen Pinselstrichen malt der Professor einen Gegenstand auf seine Pappe. Dabei hört er nicht auf zu schimpfen. »Der soll sich wund-wundern. Ich werde mich gewehren! Jetzt wird Schaf gegossen. Peng-Pingpong!«

Professor Sehrgut schüttelt die bemalte Pappe über dem Tisch aus. Schon liegt es da: ein großes Gewehr. »Weißt du eigentlich, was ich hier habe, Herr Windianer?«, ruft er.

»Unanständiges Mordgerät«, antwortet der Indianer. Er legt einen Pfeil in den Bogen und spannt die Sehne. Er zielt genau auf den Professorhut.

»Ein Schusskuss aus diesem Gewehr klingt wie … äh, wie …« Vergeblich sucht der Professor nach Worten.

»Wie Büffelfurz«, sagt der Indianer.

»Dir werd ich's geigen!«, schimpft der Professor und zielt mit seinem Gewehr in den Himmel, als wolle er Tauben schießen. Doch als er abdrückt, macht es nur ganz leise Klick.

»Klingt wie Hühnerklecks«, sagt der Indianer. Er lässt seinen zweiten Pfeil durch die Luft sausen.

Der Professor merkt gar nicht, dass sein Hut schon wieder durchbohrt wird, so verstört ist er. Mit einem Auge guckt er in seinen Gewehrlauf. »So eine Zerstreulichkeit«, schimpft er. »Da hab ich in der Eile mit Weile ein Gewehr gemalt, das gar nicht eingeladen war!«

»Bruder Professor ist geizige Zielscheibe«, sagt der Indianer. »Spricht große Worte in ungeladenes Gewehr. Werde mein Frühstück woanders schießen. How!«

Büffelwurst ist alle

Das Pferd trabt die Straße zur Schule entlang. Das Klappern seiner Hufe hallt an den Hauswänden wider. »Osterei Auf Vier Beinen leidet großen Pferdedurst«, sagt der Indianer. »Allererste Sahne auch.«

»Ich steig schnell ab und male eine Badewanne mit Wasser«, schlägt Marietta vor.

»Lieber 'n paar Hamburger mit viel Ketschup«, verlangt Max.

Aber das Pferd trabt weiter. Der Indianer lenkt es genau auf ein graues Mietshaus zu. »Hier ist Quelle!«, behauptet er.

»Ich seh bloß 'ne Frau, die Fenster putzt«, sagt Max.

Marietta zieht sich an den Schultern des Indianers hoch und guckt über ihn hinweg. »Das ist doch Frau Äuglein!«, sagt sie. »Die schnellste

Putzfrau in der Stadt. Sie hat mir den Zauber-Farbkasten geschenkt.«

Vor dem offenen Fenster im Erdgeschoss bleibt das Pferd stehen. Es steckt seinen Kopf ins Wohnzimmer und wiehert.

»Was willst du denn hier, du Gaul?«, sagt Frau Äuglein. »Stör mich nicht bei der Arbeit. Ich muss alle Fenster sauber kriegen, bevor mir die Sonne auf die Scheiben knallt.« Sie taucht einen Lappen in ihren Wassereimer, wringt ihn aus und wischt über die Scheiben.

»Verzeihung, edle Schwester mit Putztuch«, sagt der Indianer. »Bin Allererste Sahne.«

»So?«, fragt Frau Äuglein. »Ganz schön eingebildet.«

»Heiße so«, erklärt der Indianer lächelnd. »Mein Pferd ist durstig. Es will aus deinem Eimer trinken.«

»Geht nicht, Bruder Indianer«, sagt die Frau. »In dem Wasser ist ein starkes Putzmittel. Davon kriegt dein Gaul Zahnweh und Schluckauf!«

»Lieber nicht, sonst fallen wir runter«, sagt Marietta.

»Sieh an!«, ruft Frau Äuglein. »Die kleine Malerin ist auch da.«

»Die Zauberfarben hab ich schon ausprobiert«, antwortet Marietta. »Ich bin richtig mutig geworden, stärker auch.«

»Aber schlauer nicht«, stellt Max fest.

»Immer erst eins, dann das andere«, sagt Frau Äuglein. »Altes Indianer-Sprichwort.« Sie nimmt ihren Putzeimer und verschwindet damit in ihrer Wohnung.

»How!«, sagt der Indianer. »Putzende Squaw hat lachendes Herz. Geht zur Quelle, Wasser schöpfen.«

Irgendwo im Innern der Wohnung wird ein Wasserhahn aufgedreht. Es dauert nicht lange, bis Frau Äuglein wiederkommt. Sie stellt den frisch gefüllten Wassereimer auf die Fensterbank. »Gaulfrühstück«, sagt sie.

Das Pferd steckt seinen Kopf in den Eimer. Es säuft das ganze Wasser aus. Frau Äuglein verschwindet wieder in der Wohnung. Als sie zurückkommt, legt sie drei belegte Brötchen auf die Fensterbank. Sie zieht zwei Flaschen Milch aus ihren Schürzentaschen. »Indianerfrühstück«, sagt sie.

Max, Marietta und der Indianer greifen hungrig zu. Der Indianer klappt die beiden Brötchenhälften auseinander. Er schnuppert am Belag. »Büffelfleisch?«, fragt er.

»Nee, Leberwurst«, sagt Frau Äuglein. »Büffelwurst ist alle. Es wird gegessen, was auf die Fensterbank kommt.«

Alle drei beißen ins Brötchen. Sie kauen stumm. Frau Äuglein füllt den Eimer ein zweites Mal mit Wasser und das Pferd säuft ihn halb leer.

»Guter Gaul!«, lobt Frau Äuglein. Sie klopft ihm auf den Hals. »Hast nicht einen Tropfen gegen meine saubere Fensterscheibe geschlabbert.«

Marietta nimmt einen großen Schluck Milch. Dann gibt sie Max die Flasche. Der Indianer trinkt einen ganzen Liter Milch alleine. Er wischt mit dem Handrücken über seinen Mund.

»Danke, edle Schwester mit großem Pferdeherz«, sagt er.

»Ich weiß doch, was Indianern schmeckt«, behauptet Frau Äuglein. »Bin ja selbst einer.«

»Glaub ich nicht«, brummt Max.

»Strahlendes Äuglein ist gute Squaw«, sagt der Indianer. Er zupft eine Feder aus seinem

Kopfschmuck. Die steckt er ihr ins geflochtene Haar. »How. Komm mit uns.«

»Nee, ich reite doch nicht auf so ’nem gepunkteten Graffiti-Gaul durch die Gegend«, sagt Frau Äuglein. »Der sieht ja aus wie ’n Wildschwein mit Masern! Damit blamier ich mich.«

»Nicht beleidigen«, sagt der Indianer. »Starkes Schluckauf-Putzmittel nehmen. Pferd abwaschen! Bitte.«

Frau Äuglein stemmt ihre Hände in die Hüften. »Kaum reicht man dir einen Eimer Wasser, willst du eine ganze Pferde-Waschanlage!«, schimpft sie. Aber dann holt sie doch Schrubber und Eimer. Sie kippt ein Putzmittel ins Wasser, dass es nur so schäumt. »Absteigen!«, befiehlt sie, während sie ihre Ärmel hochkrempelt.

Der Indianer springt vom Pferd. Er hilft auch Marietta und Max herunter. Frau Äuglein taucht den Schrubber ins Wasser. Sie beginnt das Pferd einzuseifen und kommt dann nach draußen, um es ganz sanft abzustriegeln. Auf seinem Bauch glitzert Seifenschaum.

»Geht nicht ab«, sagt der Indianer enttäuscht.

»Dass ihr Männer immer so ungeduldig seid!«, knüttert Frau Äuglein. »Die Farbe muss erst

aufweichen.« Sie klopft mit ihrem Schrubber dreimal auf den Bürgersteig und bürstet das Pferd noch einmal rundherum ab. »Das ist die Hauptwäsche«, sagt sie. Es dauert nur ein paar Minuten, dann rinnt die rosa Farbe in kleinen Bächen vom Pferd herunter.

»Eigentlich wollte ich heute Morgen meine Fenster putzen und keinen Gaul«, brummt Frau Äuglein. »Jetzt ist er so sauber wie ein Fisch im Wasser. How!« Sie zieht ihre Pfeife aus der Schürzentasche und fängt an zu rauchen.

»In mir drin ist großer Dank, Strahlendes Äuglein«, sagt der Indianer. Blitzschnell umarmt er sie. Er drückt ihr einen Kuss mitten auf den Mund.

»Lass das!«, schimpft sie. Hustend wischt sie sich über die Lippen. »Ich küsse nie vor dem Frühstück. Immer erst eins, dann das andere!«

»Habe Schrubber-Squaw mein Herz geschenkt«, sagt der Indianer. »Aber sie will mir keins wiedergeben.« Seufzend schwingt er sich aufs Pferd.

»Kann ich jetzt mal ganz vorne sitzen?«, fragt Marietta den Indianer. Er nickt stumm. Marietta greift in die Pferdemähne. Sie hopst ein paarmal in die Höhe und versucht sich hochzuziehen. »Ich schaff's nicht«, sagt sie.

»Klar schaffst du's«, sagt Frau Äuglein. »Versuch's noch mal!«

»Du bist zu dick. Das liegt am Vanillepudding«, lästert Max.

»Stachel-Zunge besser im Mund lassen!«, grollt der Indianer.

Jetzt springt Marietta besonders hoch. Frau Äuglein gibt ihr einen winzigen Schubs von hinten. Schon sitzt Marietta ganz vorn auf dem Pferd. »Ich kann's!«, ruft sie und lacht.

Wasserfarben-Blüte schwingt das Lasso

»Immer hier geradeaus. An der Ampel rechts«, sagt Marietta.

Stolz sitzt sie vor dem Indianer auf dem Pferd. Wenn Jens sie jetzt sehen könnte!

Als sie die Schule erreichen, ist es fast sieben.

»Ist dies der Ort der Weisheit?«, fragt der Indianer. Stirnrunzelnd betrachtet er das Schulgebäude aus Beton.

»Nee, der Ort der Gemeinheit«, sagt Marietta.

»Hässlich«, stellt der Indianer fest. »Öder Trauerplatz. Nur ein einziges Bäumchen. Ist zu wenig für viele Kinder.«

»Ja, ziemlich hässlich«, sagt Max. Er zeigt auf die Wand neben der Eingangstür. »Guckt mal!«

Marietta ist ein Pupskopp steht da in schiefen Druckbuchstaben. Die hat jemand mit roter Farbe hingeschmiert.

»Was ist Pupskopp?«, fragt der Indianer.

»Ein ganz gemeines Wort!«, erklärt Max.

»Das war Jens, der Lakritz-Fresser«, schimpft Marietta.

»Schimpfen hilft nicht«, sagt der Indianer. »Kämpfen hilft.«

»Ich will die Farbe sofort wegputzen!«, sagt Marietta. »Sonst lachen mich ja alle aus.« Sie krallt ihre Hände in die Mähne und klettert vom Pferd.

»Gutes Training, Wasserfarben-Blüte!« Der Indianer nickt anerkennend.

Marietta tippt mit dem Zeigefinger auf die Farbe. Sie ist noch ganz frisch. »Lackfarbe«, sagt sie. »Die geht nicht ab.«

»Soll sie ja auch nicht!«, sagt Jens. Grinsend kommt er hinter dem Müllcontainer hervor. »Hast du neuerdings 'ne Leibwache, Doofkloß?«

Marietta antwortet nicht. Schnell öffnet sie ihre Schultasche und zieht die große Lakritzrolle raus. »Komm her, wenn du blaue Flecke haben willst!«, ruft sie.

»In Ordnung. Ich komme«, antwortet Jens. »Aber nur, wenn sich der Indianer raushält. Und dein Bruder auch.«

Marietta nickt. »Wir kämpfen Mann gegen Mann«, sagt sie.

»Mann gegen Pups, meinst du wohl!«, ruft Jens und lacht.

Marietta schwingt das Lakritz-Seil wie ein Lasso durch die Luft. Jens ist so überrascht, dass er mit offenem Mund dasteht.

»Blaue-Flecke, Knoblauch-Schnecke. Popo-Klopfer, Maul-Verstopfer!«, ruft Marietta.

Im selben Moment saust das Lakritz-Lasso auf Jens' Allerwertesten nieder. Es haut ihn abwechselnd auf die linke und auf die rechte Pobacke.

»Starke Zauber-Waffe!«, sagt der Indianer. »Besser als Büffelfurz-Gewehr. Wasserfarben-Blüte gute Kriegerin!«

»Aufhören!«, schreit Jens. »Hilfe!«

»Du bist ein gemeiner Lakritz-Popel mit ungeputzten Zähnen!«, schimpft Marietta und schwingt das Lakritz-Lasso.

»Lass mich in Ruhe!«, schreit Jens. Er versucht das Lasso zu packen. Aber das haut ihn nur kräftig auf die Finger. »Das kriegst du wieder!«, heult er.

»Vor dir hab ich keine Angst mehr«, sagt Marietta. »Halt bloß deinen frechen Lakritzmund!« Bevor Jens noch ein Wort herausbringt, fliegt ihm das eine Ende vom Lasso in den Mund. »Da hast du was zu kauen!«, ruft Marietta. »Das ist ein Zauber-Lasso mit Knoblauch-Geschmack. Das lässt dich erst in Ruhe, wenn du keinen mehr ärgerst!«

Jens versucht das Zauber-Seil aus seinem Mund zu ziehen, aber das geht nicht. Heulend und kauend rennt er vom Schulhof. Das Lasso schleift hinter ihm her.

Marietta wischt die Hände an ihrer Jeans ab. Sie dreht sich zu Max um. »Na, was sagt Einstein dazu?«, fragt sie.

»Du hast ein bisschen gemogelt«, antwortet Max. »Mit Zauberei. Aber ich finde dich trotzdem ganz schön stark!«

Baum-Zauber

Marietta starrt die hässlichen roten Buchstaben an. »Die müssen weg!«, sagt sie.

Max steigt vom Pferd. Er kratzt sich nachdenklich am Kopf. »Wir stellen einfach was davor. Den Müllcontainer«, sagt er.

»Ich weiß was Besseres!«, ruft Marietta. Eilig kramt sie ihren Farbkasten aus der Tasche. »Ich werde ganz viele Sonnenblumen malen. Die schüttel ich vor die Wand. Dann sieht man die Wörter nicht mehr.«

»Gebongt!«, sagt Max. »Du bist ja fast so schlau wie ich.«

»Ich brauch Wasser«, sagt Marietta. »Nur einen Becher voll.«

Allererste Sahne geht zu der kleinen Birke. Mit einem Finger kratzt er zwischen den Wurzeln herum. »Hier Pfütze!«, ruft er.

»Komisch«, sagt Max. »Es hat doch seit Tagen nicht geregnet.« Marietta hockt sich auf den grauen Asphaltboden. Sie taucht ihren Pinsel in die Pfütze. Sorgfältig malt sie jedes einzelne Blütenblatt einer Sonnenblume. Manche sind hellgelb, andere dunkelgelb. Der Indianer guckt Marietta interessiert zu. »Wasserfarben-Blüte verdient ihren Namen«, sagt er. »Sie kann genauso zaubermalen wie die Spiegelbilder der Flüsse.«

Marietta lächelt. Sie malt insgesamt sieben Sonnenblumen. »Lachmichnichtaus-Pflanze. Lachmichan-Sonne«, flüstert sie. »Äuglein-Blume.« Marietta stellt sich vor die beschmierte Wand und schüttelt ihren Zeichenblock. Die Sonnenblumen sprießen kerzengerade aus dem grauen Asphaltboden. Sie stehen dicht nebeneinander. Die rote Schrift hinter ihnen kann man nicht mehr erkennen.

»Gib mir einen Pinsel«, sagt Max. »Und ein Zeichenblatt. Ich will auch Sonnenblumen malen.«

Marietta zögert.

»Mach schon«, drängelt Max. »Einstein guckt bei dir ab.« Er kniet sich auf den Boden. Zuerst malt er zehn grüne Striche nebeneinander auf das Papier. »Das sind die Stiele«, sagt er. Jeder Strich kriegt am oberen Ende einen gelben Zackenkranz. »Das sind die Blütenblätter.«

Der Indianer guckt kopfschüttelnd zu. »Sind zehn kaputte Tomahawks«, sagt er.

»Bin ja noch gar nicht fertig«, verteidigt sich Max. In jeden Zackenkranz tropft er einen braunen Farbklecks. Er schüttelt das Papier. »Sonnenblumen-Wiesenriesen«, ruft er. »Gelbklecks-Gewächs!« Im Nu ragen zehn Sonnenblumen wie verbogene Spazierstöcke aus dem Asphalt.

»Traurige Blumen«, sagt der Indianer. »Lassen Köpfe hängen.«

»Klar«, sagt Marietta. »Max schmiert immer so viel.«

»Dafür kann ich besser Mathe als du!«, schimpft Max.

»Mathe nicht wichtig. Blumen wichtig«, sagt der Indianer kopfschüttelnd. »Wollen Herz-Lachen, nicht Kopf-Rauchen.«

Marietta beugt sich über ihr Papier. Sie malt fünfzehn Sonnenblumen. »Zauber-Blumen-Mus mit Sonnen-Guss! Strahlen-Wetter-Blätter!«, flüstert sie und schüttelt das Bild. Die Sonnenblumen sind größer als sie selbst.

»Gelbes Wunder«, staunt der Indianer. »Werde auch malen.«

»Du?«, fragt Max. »Du kannst das doch gar nicht!«

»Alle Indianer malen. Wildsaugut, pfeilschnell! Papier her. Pinsel her! Bitte.«

Marietta reißt noch ein Blatt vom Zeichenblock. Sie gibt dem Indianer einen Pinsel und guckt ihm über die Schulter. Er macht nur wenige Striche und Punkte, doch seine Sonnenblumen sehen trotzdem ganz echt aus. Er drückt Max das Bild in die Hand. Der ist so überrascht, dass ihm nicht sofort die richtigen Zauberwörter einfallen. »Gelber Käsefuß, Indianerkuss«, dichtet er, während er das Papier schüttelt.

Da stehen sie, die zwanzig Indianer-Sonnenblumen! Sie sind genauso schön wie Mariettas Blumen.

»Allererste Sahne!«, sagt sie voll Bewunderung.

»Nächstes Mal besseren Zauberspruch finden, Einstein!«, verlangt der Indianer. Er malt jetzt noch schneller als eben. Auch Marietta wird eine Schnellmalerin. Max schüttelt das Papier und spricht Zauberwörter dabei. Er guckt gar nicht mehr auf die Bilder, die ihm Marietta und der Indianer geben. »Garten-Glanz-Pflanzen«, sagt er.

Um halb acht ist der ganze Schulhof mit Sonnenblumen bewachsen. »Pflanzen-Gemüseschüssel, Elefanten-Blumen-Rüssel, Wolkenkratzer-Schmetter-Blätter!«, plappert Max.

»Es donnert«, sagt Marietta, ohne sich beim Malen stören zu lassen. »Es wird dunkel. ’s gibt bestimmt ein Gewitter.«

Der Boden beginnt zu beben. Das Pferd galoppiert wiehernd vom Schulhof. Die Sonnenblumen zittern. Es knackt und knarrt und dröhnt. Der Asphalt springt auf. Dicke Baumwurzeln schlängeln sich über den Schulhof. Max guckt auf das Blatt Papier, das er gerade schüttelt. Zu spät. Ein gewaltiger Baum schiebt sich aus dem Asphalt. Er wächst schräg in die Höhe, immer weiter nach oben. Erst als er so dick ist wie zwei Elefanten nebeneinander und so hoch wie drei Schulen übereinander, hört er auf zu wachsen.

»Kletterbaum für Schulkinder«, sagt der

Indianer. »Sehr alter Baum aus Regenwald. Dicke Äste. Gut für Spiele. How.«

Marietta und Max betasten den Stamm. Er ist krumm gewachsen, sodass man bequem auf ihn raufklettern kann. Max nimmt Anlauf. Er greift nach einem Ast und schwingt so lange hin und her, bis er ein Bein darüber schlagen kann. Dann hangelt er sich auf den Ast hoch.

»Komm auch rauf!«, schreit Max. Er klettert noch höher hinauf. »Bring was zu essen mit!«

»Der denkt wohl, ich trau mich nicht«, brummt Marietta. Ganz schnell malt sie vier Hamburger und eine kleine Flasche Ketschup. »Ham-Ham-Burger, Ketschup-Haps«, flüstert sie und schüttelt das Papier. Sie steckt den Imbiss in ihre Hosentaschen. »Pass auf, dass keiner meine Schultasche klaut«, sagt sie zu dem Indianer. Auf allen vieren läuft sie den krummen Baumstamm hoch.

Picknick auf dem Ast

Direktor Krips schlägt die Tür seines weißen Wagens zu. Er ist morgens immer der Erste in der Schule, weil er vor dem Unterricht die Zeitung lesen will. Im Gehen betrachtet er das Foto von einem Mann, der in Gummistiefeln über eine Wiese tanzt. Direktor Krips fängt an, den Artikel zu lesen.

Weltbekannter Künstler zieht in unsere Stadt! Professor Sehrgut ist Rosenzüchter und Maler. Mit seinen schiefen Bildern hat er schon mehrere Millionen verdient. Sein Erkennungszeichen sind gelbe Gummistiefel. Er zieht sie nur beim Duschen aus. Der Professor duscht täglich eiskalt, dass es ihn nur so schüttelt. Deshalb spricht er auch etwas durcheinanderig. Das Lieblingsessen des Künstlers sind Gummibärchen. Profes-

sor Sehrgut ist Spezialist im Herbeizaubern von ungewöhnlichen Dingen. Wird er unsere Stadt auf den Kopf stellen?

Fritz Schulz, Reporter mit Blitz

»So ein Unsinn«, schimpft Direktor Krips. »Die Leute von der Zeitung sind die reinsten Lügen-Erfinder.« Er stolpert über den aufgesprungenen Asphalt. Eine Sonnenblume streift sein Gesicht. »Der Schulhof müsste besser gepflegt werden«, brummt er. »Das Unkraut wächst erstaunlich hoch.«

Jetzt lässt Direktor Krips die Zeitung sinken. Er bleibt wie angewurzelt stehen. Er starrt auf den Riesenbaum. Er reißt den Mund auf und vergisst ihn wieder zu schließen. »Hä?«, stößt er hervor, denn das ist so ziemlich das Einzige, was man mit offenem Mund sagen kann.

Immer mehr Schulkinder stürmen herbei. Sie lachen und jubeln. Sie schleudern ihre Taschen weg, um zwischen den Sonnenblumen Verstecken zu spielen und auf den Baum zu klettern.

Hastig schließt Direktor Krips das Schulgebäude auf. »Spezialist im Herbeizaubern von ungewöhnlichen Dingen«, sagt er. »Steht schwarz auf weiß in der Zeitung!« Mit zitternden Fingern wählt er die Nummer der Feuerwehr. Dann telefoniert er mit dem Reporter Fritz Schulz.

Endlich legt Direktor Krips den Hörer auf. »Hm, ein Maler«, flüstert er und faltet nachdenklich die Hände über seinem Bauch. »Der gibt bestimmt auch Kunststunden für Kinder.«

Direktor Krips lauscht auf das Sirenengeheul, das immer näher kommt. Feuerwehrmänner springen aus ihren Wagen und sperren den Schulhof mit einem rotweißen Band ab. Sie fahren eine Leiter aus, um die Kinder vom Baum zu pflücken.

Max sitzt auf einem so hohen Ast, dass ihn die Leiter nicht erreichen kann. Vergnügt schlenkert er mit den Beinen. Unter ihm knackt ein Zweig. Eine kleine Hand packt seinen Ast. Marietta hangelt sich hoch und setzt sich neben ihn.

»Da staunst du, was?«, sagt sie stolz. Aus ihren Hosentaschen zieht sie die Hamburger und die Ketschupflasche. »Hier. Hab ich extra für dich gezaubert!«

Kritisch betrachtet Max die Hamburger. »Sind 'n bisschen zermatscht«, sagt er. »Aber mit Ketschup drauf sieht man's nicht.« Max kippt eine

Portion Ketschup auf den Hamburger und beißt hinein. »Lecker. Du bist 'ne gute Zaubermatsch-Köchin.«

»Und du bist ein Einstein, der spinnt«, antwortet Marietta. Sie starrt nach unten. »Guck mal, da an der Ampel hält gerade unser Auto! Papa und Mama kommen bestimmt hierher.«

»Die sollen bloß unten bleiben«, brummt Max. Er leckt seine Finger ab. Jetzt fährt das Auto wieder an. Mit quietschenden Reifen. »Mama sitzt am Steuer«, stellt Max fest.

Ketschup-Vögel

Papa kurbelt die Scheibe herunter. Er beugt sich aus dem fahrenden Auto und versucht den Riesenbaum zu knipsen.

Mit einem Ruck tritt Mama auf die Bremse. Papa wird unsanft nach vorne gedrückt und lässt vor Schreck fast seinen Fotoapparat fallen.

»Siehst du dieses Pferd, Fritz?«

»Pferd? Wieso Pferd?«, fragt Papa. »Ein Pferd sieht man alle Tage. Aber dieser Riesenbaum da!«

»Es ist dasselbe Pferd, das in unsere Wohnung ge…«, Mama sucht nach einem anständigen Wort.

»… geäpfelt hat«, vervollständigt Papa den Satz. Mit gezücktem Fotoapparat schreitet er auf den Baum zu. Mama geht mit. Papa schießt einen ganzen Film leer und legt sofort einen neuen ein. Er krabbelt unter der rotweißen Absperrung durch.

»Ich bin von der Presse«, sagt er zu einem Feuerwehrmann.

»Ich auch«, schwindelt Mama.

»Hm«, brummt der Feuerwehrmann. »Aber auf den Baum dürfen Sie nicht rauf!«

Papa macht sich noch kleiner, als er schon ist. Jetzt ist er zwischen den Sonnenblumen verschwunden.

»Fritz!«, ruft Mama. »Wo bist du denn?«

Aber Papa antwortet nicht. Mit Riesenschritten stapft er zum Baum hin. »Gigantisch!«, sagt er. Sehnsüchtig starrt er in die Höhe.

»Fritz! Lass mich hier doch nicht allein!«

Papa bindet seine Krawatte ab und stopft sie in die Hosentasche. Er krempelt seine weißen Hemdsärmel hoch. Er hängt sich den Fotoapparat über den Rücken und spuckt in die Hände. Gerade als er auf den Baum steigen will, entdeckt er den Indianer. Papa legt den Finger auf den Mund. »Psst!«, flüstert er. »Nichts verraten!«

»Indianer petzen nie«, antwortet Allererste Sahne. »How!«

»How«, flüstert Papa. Ohne sich noch einmal umzudrehen, klettert er den Baumstamm hinauf. Seine Schuhe schrappen über die raue Rinde. Papa stört das nicht. Eilig hangelt er sich von Ast zu Ast. Jetzt kann er auf das Schuldach hinuntergucken. Keuchend wischt er den Schweiß von seiner Stirn.

»Fritz!«

Die Stimme ist viel weiter weg als eben. Papa verschnauft erst mal. Bis ihm etwas auf den Kopf kleckert, genau auf die kahle Stelle. »Vogeldreck!«, schimpft er. Mit einem Finger tippt er auf seine Halbglatze. Aber was ist das? Roter Vogeldreck? »Muss ein Tropenvogel sein«, brummt Papa. Er schnuppert an seinen Fingern. »Oder ein Tomatenvogel.« Weiter oben kann er vier Beine entdecken. Die kommen ihm bekannt vor. Papa klettert höher.

Max kaut noch, als sich Papas Kopf neben ihm durchs Geäst schiebt. »Gibt's hier irgendwo 'ne Pommesbude?«, fragt Papa.

Max ist so überrascht, dass er gar nichts antworten kann.

»Wir haben schon alles aufgefuttert, Papa«, sagt Marietta.

Papa knipst ein Bild von seinen ketschupverschmierten Kindern. Dann hockt er sich neben sie auf den Ast. »Dass du dich getraut hast hier raufzuklettern, Marietta!«, sagt er.

Marietta lächelt Papa an. »Bin doch kein Angsthase.«

»Ich hab auch keine Angst gehabt«, sagt Max. »Aber mich fragt ja keiner.«

»Wirst du was über den Riesenbaum in der Zeitung schreiben, Papa?«, fragt Marietta.

»Ja«, antwortet er. »Einen langen Artikel über den Baum. Und über den Helden, der ihn gezaubert hat.«

»Woher willst du denn wissen, wer das war?«, fragt Marietta.

»Es gibt nur einen in der Stadt, der zaubern kann«, sagt Papa. »Der Professor! Er ist vor ein paar Minuten abgeholt worden. Von Direktor Krips persönlich.«

»Ich muss sofort runter!«, sagt Marietta. »Wissen, was los ist.«

»Ich auch!«, sagt Max.

So schnell sie können, klettern und rutschen sie nach unten. »He!«, wartet doch auf mich!«, ruft Papa.

Ein altes Indianer-Sprichwort

Mama biegt eine Sonnenblume zur Seite. Sie starrt auf Mariettas Zeichenblock und die beiden Schultaschen, die neben dem Baumstamm liegen. Sie stürzt auf den Indianer los. »Wo sind meine Kinder? Was haben Sie mit ihnen gemacht?«

»Mut gemacht«, antwortet der Indianer.

Mama guckt ahnungsvoll am Baumstamm hoch. »Sind die etwa da raufgeklettert?«, flüstert sie ängstlich.

»Indianer petzen nie«, sagt Allererste Sahne.

»Bitte, Herr Indianer«, sagt Mama. »Sie sind doch ein Mann mit Muskeln. Klettern Sie rauf und holen Sie meine Kinder von diesem Baum-Monster runter!«

In diesem Moment rutscht Marietta an einer Liane vom Baum. Max und Papa rutschen hinterher. Papa zieht verlegen seine zerknitterte Krawatte aus der Hosentasche und bindet sie um. Er rollt die weißen Hemdsärmel wieder nach unten und reibt seine Schuhe an den Hosenbeinen sauber. Papa lächelt zaghaft. »How«, flüstert er.

Mama lacht. »How!«, antwortet sie und streichelt Papas moosverschmierten Kopf. »Du bist ganz schön verspielt, Fritz, genau wie unsere Kinder!« Mama küsst Marietta und Max die Ketschupflecken vom Gesicht.

»Hab nur ein paar Fotos von oben geschossen«, sagt Papa. »Ist schließlich mein Beruf.«

Marietta drückt Mama die leere Ketschupflasche in die Hand. »Wenn wir das nächste Mal ein Baum-Frühstück machen, musst du mit raufkommen«, sagt sie.

»Psst!«, flüstert Allererste Sahne und lauscht. »Höre Schleichfüße.« Er legt den Finger auf den Mund. Er schnuppert. »Rieche Putzduft-Parfüm«, sagt er. Mit wachsamen Augen blinzelt er zwischen die Sonnenblumen. Ein Lächeln zieht über sein Gesicht. »Sehe Squaw mit Schrubber.«

Frau Äuglein bleibt vor dem Indianer stehen. Sie trägt einen Eimer mit Wasser und ihren

Schrubber. Sie fasst in ihre Schürzentasche, um etwas daraus hervorzuziehen. Es ist in Butterbrotpapier eingewickelt. Frau Äuglein hält dem Indianer das kleine Päckchen hin. »Büffelwurst«, sagt sie.

»Fühle große Wärme in mir drin«, sagt der Indianer. Er nimmt das Geschenk, ohne den Blick von Frau Äuglein zu wenden.

»Ich fühle auch große Wärme«, antwortet Frau Äuglein. »Und Kribbeln.«

Der Indianer nickt.

»Ich habe eben gefrühstückt«, sagt Frau Äuglein. Sie stellt sich auf Zehenspitzen ganz dicht vor den Indianer.

»Dann können wir jetzt küssen, Strahlendes Äuglein«, erklärt er. »Immer erst eins, dann das andere.«

»Altes Indianer-Sprichwort«, sagt Max.

Der schönste Schulhof der Welt

Hinter der Absperrung stehen Schulkinder und viele neugierige Leute. Ein weißes Auto rollt auf den Parkplatz. Direktor Krips steigt aus und öffnet die Beifahrertür.

»Bitte sehr, Herr Professor«, sagt er. »Wir sind da.«

Professor Sehrgut guckt sich verwirrt um. »Was will diese Meute Leute hier?«, fragt er. »Ist das eine Kindervergammlung? Was ist das für ein Riesenwiesen-Schaum-Baum?«

Direktor Krips führt den Professor zum Schulhof. »Liebe Kinder, liebe Erwachsene!«, ruft er. »Dies ist Professor Sehrgut! Der berühmteste und beste Maler unserer Stadt!«

»Bravo!«, rufen die Leute.

Die Kinder klatschen begeistert in die Hände. Auch Jens steht dabei und jubelt. Er ist ein bisschen blass. Die Feuerwehrleute pflücken den Weg bis zur Eingangstür der Schule frei. Die Sonnenblumen geben sie den Kindern. Jens nimmt auch eine.

Marietta, Max, Papa und Mama staksen aus dem Sonnenblumen-Feld heraus. Papa zückt seinen Fotoapparat, um Direktor Krips und den Professor zu knipsen.

Jens schleicht zu Marietta hin und tippt ihr auf die Schulter. Überrascht starrt sie ihn an. »Wo ist das Lakritz-Lasso?«, fragt sie.

Jens zeigt auf seinen Bauch. »Da drin. Mir is' ja so schlecht.«

»Hast du verdient!«, sagt Marietta.

»Hm«, brummt Jens. Stumm hält er ihr die Sonnenblume hin.

Marietta nimmt sie lächelnd entgegen. »Danke«, sagt sie.

»Das Bäumchen hab ich Wicht gezaubert, wirklich Wicht«, ruft Professor Sehrgut so laut er kann. »Ich will nach Brause zu meinen schiefen Schafen. Ich will meine Truhe haben.«

Direktor Krips überhört den Protest des Professors. »Dieser Baum-Zaubertrick ist Ihnen sehr gut gelungen!«, lobt er.

»Aber er war es wirklich nicht!«, sagt Marietta.

»Widersprich nicht, Kind«, schimpft Direktor Krips. »In der Zeitung steht, dass der Professor Spezialist im Herbeizaubern von ungewöhnlichen Dingen ist.«

Da mischt sich Papa ein. »Sie müssen nicht alles glauben, was in der Zeitung steht, Herr Direktor«, sagt er. »Die Hälfte ist immer gelogen. Das weiß ich genau.«

»Reden Sie nicht«, flüstert Direktor Krips. »Machen Sie lieber noch ein Foto von mir!« Professor Sehrgut versucht sich wegzuschleichen, aber der Direktor hält ihn an der Jacke fest.

»Loslassen!«, protestiert der Professor. »Das Bäumchen hab ich Wicht geschüttelt!«

»Geschüttelt?«, fragt Direktor Krips. »Den Baum da? Ist ja ein sehr außergewöhnliches Bodybuilding! Jedenfalls kriegen Sie jetzt einen Orden. Ob Sie wollen oder nicht. Kommen Sie!« Er legt seine schwere Hand auf die Schulter des Professors und schiebt ihn bis zur Eingangstür der Schule. Dort können ihn die umstehenden Leute besser sehen.

Die Feuerwehrmänner pflücken alle Blumen neben der Eingangstür weg. *Marietta ist* steht da in großen roten Buchstaben. Die letzten Wörter werden nur noch von drei Sonnenblumen verdeckt. Marietta wird ganz blass. Sie will zur Eingangstür hinrennen, aber ein Feuerwehrmann hält sie fest. »Hier geblieben!«, sagt er streng. »Der Direktor hält eine Rede!«

Direktor Krips räuspert sich, dann sagt er laut: »Lieber Professor! Ich möchte Ihnen den Sonnenblumen-Orden unserer Stadt verleihen. Den bekommen nur Leute, die sich für unsere Kinder einsetzen!« Er steckt dem Professor eine große Brosche an den Kragen. Eine Sonnenblume aus Gold.

»Foto!«, ruft Direktor Krips und winkt Papa herbei. Aber Papa zuckt die Schultern. »Film ist alle!«, antwortet er.

»Lieber Professor!«, sagt der Direktor. »Ich habe die Ehre Ihnen eine Stelle als Kunstlehrer anzubieten. Ab morgen werden Sie unseren Kindern das Malen beibringen!«

»Nein! Auf keinen Knall!«, stammelt der Professor. »Kniemals!«

»Nicht?«, fragt der Direktor. »Sie verstehen doch offensichtlich was von Kunst.«

»Es geht nicht, weil ...« Der Professor guckt hilflos zu den Kindern hinüber. »Weil ich nämlich gar nicht ...« Er schiebt nervös seinen Schlapphut nach hinten und wischt sich den Schweiß von der Stirn.

Marietta beißt sich auf die Lippen.

»Weil ich eben nicht will!«, schreit der Professor. Mit einem Ruck reißt er sich den Orden ab und wirft ihn weg. Er fällt Marietta genau vor die Füße. Sie hebt ihn auf und steckt ihn schnell in die Tasche.

»Wenn die Stuhl-Kinder alle das Zaubermalen lernen, gibt es in Ihrer Stadt nur noch fliegende Fahrbäder und Fußpelle aus Kaugummi!«, sagt der Professor. »Finden Sie das gut?«

»Hm«, brummt Direktor Krips. »Nein.«

»Ja!«, rufen die Kinder. »Wir finden das gut!«

Ein Feuerwehrmann zerrt am Stiel der letzten Sonnenblume neben der Tür. Die Blume wankt hin und her. Marietta wird blass. Gleich werden alle den Satz lesen und über sie lachen!

Aber da tritt Frau Äuglein aus dem Sonnenblumen-Feld heraus. Der Indianer schreitet hinter ihr her. In der Hand hält er ein Stück angebissene Büffelwurst. Frau Äuglein geht am Direktor vorbei, ohne ihn zu beachten. Sie klopft dreimal mit ihrem Schrubber auf den Boden und taucht ihn ins Wasser.

»Hier wird jetzt nicht geputzt!«, schimpft Direktor Krips.

»Pupskopp möge schweigen«, sagt der Indianer streng.

Frau Äuglein fängt an über die roten Buchstaben zu schrubben. Das letzte Wort nimmt sie sich zuerst vor.

»Hören Sie auf damit!«, befiehlt Direktor Krips. »Ich kann jetzt keine Schrubbfrau gebrauchen!«

»Nicht beleidigen!«, sagt der Indianer. »Strahlendes Äuglein arbeiten lassen. Schnellste Putzfrau in der Stadt.« Er droht dem Direktor mit seinem spitzesten Pfeil, während er noch ein Stück von der Büffelwurst abbeißt.

Frau Äuglein schrubbt schweigend weiter. Die ganze Wand ist voll von rotem Schaum. »Nur noch nachspülen«, sagt sie.

»Das will ich machen!«, ruft Jens. Mit sieben großen Schritten ist er beim Eimer. Er schleu-

dert das ganze Wasser gegen die Wand. Die ist so sauber, als hätte da nie was draufgestanden. Eine große Pfütze Schaumwasser fließt über den Schulhof. Lächelnd wischt sich Jens die nassen Hände an der Hose ab.

»So eine Riesen-Kleckerei!«, schimpft der Direktor. Er räuspert sich und wendet sich wieder dem Professor zu. »Ich mache Ihnen einen anderen Vorschlag. Wir schicken Sie nach Kanada. Dort helfen Sie mit, den pazifischen Regenwald wieder aufzuforsten!«

»Bäume«, sagt der Professor nachdenklich. »Die krieg ich fast so gut hin wie Gummimärchen.« Er zieht seinen Hut wie ein Cowboy in die Stirn. »Ich nehme Ihren Aufschlag an!«

»Gehe mit dir«, sagt der Indianer zum Professor. »Vorher Friedenspfeife rauchen!«

Marietta pikst den goldenen Orden an Frau Äugleins Schürze. »Danke, Frau Indianerin«, sagt sie. »Und dann will ich Ihnen noch was wiedergeben.« Aus ihrer Hosentasche zieht sie einen flachen, verbeulten Gegenstand. »Den Zauber-Farbkasten brauch ich nämlich nicht mehr.« Marietta steckt ihn in Frau Äugleins Schürzentasche.

»Nein. Jetzt nicht mehr«, antwortet Frau Äuglein.

»How«, sagt der Indianer. Er zupft eine Feder aus seinem Kopfschmuck. Die steckt er Marietta ins Haar.

Frau Äuglein stopft ihr Pfeifchen mit Tabak, zündet es an und pafft zufrieden ein paar Wölkchen. Dann raucht der Indianer und schließlich auch der Professor.

Der Indianer nimmt die Indianerin an die Hand. Er geht mit ihr zu seinem Pferd. »Strahlendes Äuglein möge mit mir kommen. Bitte«, sagt er.

»How«, antwortet Frau Äuglein und klettert aufs Pferd.

»Professormensch auch aufsteigen. Büffelfurzschnell!«, ruft der Indianer. »Reiten nach Kanada!«

»Schade«, sagt Mama. »Der Professor war ein ganz bezaubernder Nachbar!«

»Ich muss sofort einen Artikel schreiben«, sagt Papa. »Hast du einen Bleistift für mich, Elfriede? Ich hab meinen vergessen.«

»Ach, lass doch den Artikel«, sagt Mama. »Komm lieber mit!« Sie nimmt Papa an die

Hand und tanzt mit ihm durch das Sonnenblumenfeld.

Marietta und Max klettern auf den Baum. Bis zu den höchsten Ästen rauf, damit sie weit gucken können.

»Da hinten reitet der Professor!«, sagt Max.

»Und der Indianer und Frau Äuglein«, sagt Marietta. Sie nimmt die Feder aus ihrem Haar und streichelt sie. »Bestimmt findet Frau Äuglein noch andere Kinder, die Indianer werden wollen. How.«

Angelika Böckelmann
wurde 1955 in Dortmund geboren. Nach dem Abitur studierte sie an der Pädagogischen Hochschule Ruhr die Fächer Deutsch, Englisch und Kunst für das Lehramt an Grund- und Hauptschulen. Elf Jahren lang war sie auch in der Erwachsenenbildung tätig. Heute unterrichtet sie an einer Dortmunder Hauptschule und veröffentlicht seit 1988 Kinderbücher, Hörgeschichten und Theaterstücke.

Die Deutsche Bibliothek – CIP-Einheitsaufnahme

Böckelmann, Angelika:
Sonnenblumen-Zaubermaler / Angelika Böckelmann. –
Stuttgart; Wien; Bern: Thienemann, 1997
(Thienemanns Fliegender Teppich)
ISBN 3 522 17144 6

Dieses Buch wurde nach den Regeln der
Rechtschreibreform gesetzt.

Reihengestaltung: Daniela Kulot-Frisch
Einband- und Innenillustrationen: Daniela Kulot-Frisch
Umschlagtypografie: Michael Kimmerle
Reproduktionen: Die Repro, Tamm
Schrift: New Century Schoolbook und Stone Sans
Satz: KCS GmbH, Buchholz/Hamburg
Druck und Bindung: Friedrich Pustet, Regensburg

7 6 5 4 3 2 1 97 98 99 00 01

Joachim Friedrich
Die Insel im steinernen Fluss
128 Seiten
mit vielen Illustrationen
ISBN 3 522 17156 X

Der tollpatschige Hubert Has träumt von der großen weiten Welt. Seine Geschwister aber lachen ihn nur aus, weil Hubert immer über seine großen Füße stolpert. Eines Tages beschließt Hubert das Leben jenseits des steinernen Flusses zu erkunden …

THIENEMANNS FLIEGENDER TEPPICH